Literaria

38

Éloi Leclerc

Sabiduría de un pobre

Traducción de Fernando Montesinos Pons

ENCUENTRO

Título en idioma original: *Sagesse d'un pauvre*

Desclée de Brouwer
10 rue Mercoeur — 75011 Paris
9 espace Méditerranée — 66000 Perpignan
www.editionsddb.fr

Traducción de Fernando Montesinos Pons
Primera edición: diciembre de 2025
Segunda edición: junio de 2026

Fotocomposición: Encuentro-Madrid
Impresión: Cofás-Madrid
ISBN: 978-84-1339-254-7
Depósito Legal: M-19894-2025
Printed in Spain

Para cualquier información sobre las obras publicadas o en programa
y para propuestas de nuevas publicaciones, dirigirse a:

Redacción de Ediciones Encuentro
Conde de Aranda 20, Bajo B - 28001 Madrid - Tel. 915322607
www.edicionesencuentro.com - info@edicionesencuentro.com

ÍNDICE

A mis queridos padres

«Dios espera allí donde están las raíces».

Rainer Maria Rilke

PREFACIO

Es posible que las palabras más terribles jamás pronunciadas contra nuestro tiempo sean estas: «Hemos perdido la ingenuidad». Decir esto no es necesariamente condenar los progresos de las ciencias y de las técnicas de los que nuestro mundo está tan orgulloso. Semejante progreso es admirable en sí mismo. Pero esto supone también reconocer que este progreso no se ha llevado a cabo sin una pérdida considerable en el plano humano. El hombre, lleno de orgullo por su ciencia y por sus técnicas, ha perdido algo de su candor.

Apresurémonos a decir que no había únicamente candor e ingenuidad en nuestros padres. El cristianismo había asumido la vieja sabiduría campesina y de la gente de la tierra, una sabiduría nacida del contacto del hombre con la tierra. No cabe duda de que en un buen número de nuestros padres había más de la tierra que del cristianismo. Más de gravedad que de gracia. Pero el hombre tenía entonces raíces poderosas. Los impulsos de la fe, como las fidelidades humanas, se apoyaban en adhesiones vitales e instintivas particularmente fuertes. Estas no se sentían en modo alguno sacudidas o se ponían nerviosas. El hombre participaba en el mundo, ingenuamente.

Al perder esta «ingenuidad», el hombre ha perdido también el secreto de la felicidad. Toda su ciencia y todas sus técnicas le dejan inquieto y solo. Solo ante la muerte. Solo ante sus infidelidades y las de los otros, en medio del gran rebaño humano. Solo en sus luchas con sus demonios, que no le han abandonado. En ciertas horas de lucidez, el hombre se da cuenta de que nada, absolutamente nada, podrá devolverle una alegre y profunda confianza en la vida, a menos que recurra a una fuente que sea al mismo tiempo un retorno al espíritu de la infancia. Las palabras del Evangelio nunca han parecido tan cargadas de verdad humana: «Si no os hacéis como niños, no entraréis en el Reino de los Cielos».

En este camino que conduce al espíritu de la infancia, un hombre tan sencillo y tan pacificado como san Francisco de Asís tiene algo que decirnos. Algo esencial y decisivo. Este santo de la Edad Media está asombrosamente cerca de nosotros. Parece haber sentido y comprendido por adelantado nuestro drama, cuando escribía: «Salve, reina sabiduría!, el Señor te salve con tu hermana la pura sencillez». ¡Ah!, lo sentimos demasiado bien, no puede haber sabiduría para nosotros, que somos tan ricos en ciencia, sin un retorno a la pura sencillez. Pero, ¿quién, pues, mejor que el Pobre de Asís, puede enseñarnos lo que es la pura sencillez?

Es la sabiduría de san Francisco lo que este pequeño libro se propone evocar: su alma, su actitud profunda ante Dios y ante los hombres. No he intentado escribir una biografía. Sin embargo, he perseguido la fidelidad. Una fidelidad menos literal, más interior, más profunda que la del simple relato histórico. Se puede abordar una vida como la de san Francisco desde el exterior, buscando poco a poco, penetrar en el alma del santo a partir de los hechos. Este modo de proceder es normal y siempre necesario. Pero una vez hecho esto y habiendo logrado captar algo de la riqueza interior, se puede intentar expresar esa plenitud y hacerla sensible. Y quizá entonces se deba recurrir a un modo de expresión más emparentado con el arte que con la historia propiamente dicha, si no se quiere traicionar la riqueza percibida.

Con este afán por la fidelidad, más espiritual que literal, me he esforzado por sensibilizar al lector con la experiencia franciscana en su doble aspecto. Por un lado, esta experiencia está empapada de sol y de misericordia. Por otra, se hunde en la noche de los grandes desprendimientos. Estos dos aspectos son inseparables. La sabiduría del Pobre de Asís, por muy espontánea y radiante que nos parezca, no ha escapado a la ley común: ha sido fruto de la experiencia y de la prueba. Ha ido madurando lentamente en un recogimiento y un desprendimiento que no cesaron de hacerse más hondos con el tiempo.

Este desprendimiento alcanzó su cima en la gravísima crisis que sacudió a su Orden y que él mismo experimentó de un modo extremadamente doloroso. En el relato que vamos a leer, nos hemos ceñido a expresar la actitud profunda de san Francisco a lo largo de esta dura prueba. Para él, el descubrimiento de la sabiduría se inserta en una experiencia de salvación, de rescate, a partir de una situación de angustia: «Salve, Reina Sabiduría, que Dios te salve...». Francisco comprendió que la sabiduría en sí misma necesita ser salvada, que no puede ser más que una sabiduría de salvados.

Es cosa sabida que el punto de partida de la crisis de la que vamos a hablar fue el rapidísimo desarrollo de la Orden y la llegada masiva de clérigos a la comunidad de los hermanos. Esta nueva situación planteaba un difícil problema de adaptación. Los hermanos, que ahora eran cinco mil, ya no podían vivir en las mismas condiciones que cuando eran una docena. Por otra parte, afloraban nuevas necesidades en el seno de la comunidad debido a la presencia de numerosos hombres instruidos. Se imponía una adaptación del ideal primitivo a las nuevas condiciones de vida. San Francisco era perfectamente consciente de ello. Pero también se daba cuenta de que, entre los hermanos que reclamaban esta adaptación, algunos estaban impulsados por un espíritu que no era el suyo. Nadie tenía más conciencia que él de la originalidad de su ideal. Se sentía responsable de esta forma de vida que el mismo Señor le había revelado en el Evangelio. Ante todo, era preciso no traicionar esta inspiración primera y divina. Además, se debía evitar el choque con las legítimas sensibilidades de los primeros compañeros; estas almas sencillas no dejarían de sentirse turbadas por innovaciones inconsideradas. La adaptación se presentaba, pues, como una tarea delicada. Requería mucho discernimiento, tacto y también lentitud. Estas condiciones no se respetaron. Los vicarios generales, a quienes Francisco había confiado el gobierno de la Orden durante su estancia en Oriente, desplegaron una actividad intempestiva; quemaron las etapas. El resultado fue una crisis muy grave que podría haber llegado hasta la ruptura. Esta crisis supuso para Francisco una prueba terrible. Tuvo el sentimiento de haber fracasado. Dios le esperaba ahí. Fue una suprema purificación. Con el alma desgarrada, el Pobre de Asís se encaminó hacia un desprendimiento total y definitivo de sí mismo. A través de la turbación y las lágrimas, iba a llegar, por fin, a la paz y a la alegría. Al mismo tiempo, salvaba a los suyos revelándoles que la forma más elevada de la pobreza evangélica es también la más realista: aquella en la que el hombre reconoce y acepta la realidad humana y divina en toda su dimensión. Este era el camino de salvación para su Orden: esta, en lugar de aislarse en una especie de protestantismo en desarrollo, iba a encontrar su equilibrio interior y su perennidad en el seno de la propia Iglesia.

1
CUANDO YA NO HAY PAZ

El hermano Francisco y el hermano León habían abandonado el camino polvoriento por donde caminaban, bajo un sol ardiente, desde hacía largas horas, y se habían metido por un estrecho sendero que se adentraba en el bosque y llevaba directamente a la montaña. Avanzaban penosamente. Ambos estaban extenuados. Habían pasado mucho calor caminando a pleno sol bajo sus hábitos de sayal pardo. Por eso apreciaban ahora la sombra que caía de las hayas y los robles. Pero el sendero, erosionado, ascendía por una ruda pendiente. Las piedras rodaban bajo sus pies descalzos a cada paso.

En un sitio donde la pendiente se hacía más empinada, Francisco se detuvo y suspiró. Entonces su compañero, que iba unos pasos por delante de él, también se detuvo y, volviéndose hacia él, le preguntó con una voz impregnada de respeto y de afecto:

—Padre, ¿quieres que descansemos aquí un momento?

—Sí, de buena gana, hermano León —respondió Francisco.

Y los dos hermanos se sentaron uno junto al otro en el borde del sendero, con la espalda apoyada en el tronco de un enorme roble.

—Pareces muy cansado, padre —observó León.

—Sí, en efecto, lo estoy —dijo Francisco—. Y tú también, sin duda. Pero allí arriba, en la soledad de la montaña, todo se arreglará. Ya era tiempo de que me marchara. Ya no podía quedarme más tiempo en medio de mis hermanos.

Francisco se calló, cerró los ojos y permaneció inmóvil, con las manos cruzadas en torno a las rodillas, con la cabeza un poco echada hacia atrás y apoyada en el árbol. León le miró entonces atentamente. Se asustó. El rostro de Francisco no solo estaba hundido y demacrado, sino deshecho y velado por una profunda tristeza. No había el menor destello de luz en este rostro antes tan radiante. En todo él asomaba la sombra de la angustia, de una angustia reprimida, que hundía sus raíces hasta lo más profundo del alma y la devoraba lentamente. Se hubiera dicho que era el rostro de un hombre presa de una terrible agonía. Tenía una línea dura que le cruzaba la frente y un pliegue amargo en la boca.

Por encima de ellos, oculta entre el follaje del roble, una tórtola emitía su quejumbroso arrullo. Pero Francisco no la oía. Estaba sumido por completo en sus pensamientos. A pesar suyo, estos le llevaban constantemente a la Porciúncula. Su corazón estaba unido a aquella humilde parcela de tierra, situada cerca de Asís, y a su pequeña iglesia de Santa María, que él mismo había restaurado con sus propias manos. ¿No había sido allí donde, quince años antes, el Señor le había concedido la gracia de comenzar, con unos cuantos hermanos, a vivir según el santo Evangelio? Todo era entonces hermoso y luminoso, como una primavera de Umbría. Los hermanos formaban una verdadera comunidad de amigos. Las relaciones entre ellos eran fáciles, sencillas y transparentes. Y era verdaderamente la transparencia de un manantial. Cada uno estaba sometido a todos y solo tenían un único deseo: seguir la vida y la pobreza del Altísimo Señor Jesucristo. Y el Señor mismo había bendecido esta pequeña fraternidad. Se había multiplicado rápidamente. Y habían florecido pequeñas comunidades de hermanos por toda la cristiandad. Pero ahora todo eso estaba amenazado por la ruina. Había acabado esta unanimidad en la sencillez. Había ásperas discusiones y se desgarraban mutuamente entre los hermanos. Algunos de ellos, recién llegados a la orden, pero elocuentes e influyentes, declaraban sin pestañear que la Regla, tal como estaba, ya no respondía las necesidades de la comunidad. Tenían sus propias ideas sobre la cuestión. Era necesario, decían, organizar esta multitud de hermanos en una orden fuertemente constituida y jerarquizada. Y para ello debían inspirarse en la legislación de las grandes órdenes antiguas y no renunciar a emprender construcciones vastas y duraderas que dieran a la orden de los Hermanos Menores casa propia. Porque, añadían, en la Iglesia, como en todas partes, se tiene el sitio que se ocupa.

«A esos», pensaba tristemente Francisco, «les falta el gusto por la sencillez y la pobreza evangélicas».

Los veía socavar la obra que había edificado con el Señor. Y eso le hacía daño, un daño terrible. Y luego estaban los otros: los que, so pretexto de libertad evangélica o bien para aparentar despreciarse a sí mismos, se permitían toda clase de fantasías u originalidades del peor gusto. Su comportamiento sumía a los fieles en la confusión y proyectaba el descrédito sobre todos los demás hermanos. Esos tales también socavaban la obra del Señor.

Francisco abrió de nuevo los ojos y, mirando fijamente al frente, susurró:

—Hay demasiados hermanos menores.

Después, bruscamente, como para ahuyentar esta idea inoportuna, se levantó y se puso de nuevo en marcha.

—Tengo prisa, dijo, por llegar arriba y encontrar un verdadero nido evangélico. En la montaña, el aire es más puro y los hombres están más cerca de Dios.

—Nuestros hermanos Bernardo, Rufino y Silvestre se alegrarán de volver a verte —dijo León.

—A mí también me complacerá verlos. Me han permanecido fieles. Son compañeros de la primera hora.

León caminaba delante. Francisco le seguía con dificultad; pensaba en los últimos meses que acababa de pasar en el convento de la Porciúncula, durante los cuales había multiplicado sus esfuerzos para conseguir que sus hermanos volvieran a su vocación. El último capítulo general de Pentecostés los había reunido a todos. Les dijo entonces de modo claro lo que pensaba. Pero muy pronto se dio cuenta de que él y una parte de la comunidad ya no hablaban el mismo lenguaje. Intentar convencerles era una batalla perdida. Entonces se plantó delante de sus tres mil hermanos reunidos. Orgulloso y feroz, como una madre a la que quieren quitarle sus hijos. Y gritó: «El Evangelio no necesita ser justificado. Hay que tomarlo o dejarlo». Sus primeros discípulos, sus compañeros fieles, se alegraron. Esperaban que tomara las riendas de la dirección de su orden. Pero sus fuerzas físicas le traicionaban. Había vuelto de Palestina con una salud deteriorada. Para hacer frente a los descontentos, se necesitaba un hombre fuerte, un robusto temperamento de jefe. El cardenal Hugolino, protector de la orden, aconsejaba al hermano Elías. Y Francisco asintió, aunque no sin cierta aprensión.

En cuanto a él, enfermo del hígado y del estómago, con los ojos infectados y quemados por el sol de Oriente y también por las lágrimas, había decidido callarse y rezar. Pero se había abatido sobre él una pesada tristeza. Como una especie de herrumbre, se adhería a su alma y la atacaba, royéndola día y noche. El futuro de su orden se presentaba muy sombrío. Veía a los suyos divididos. Le referían los malos ejemplos que daban algunos hermanos y el escándalo que eso causaba entre los fieles. El mismo hermano Elías, ahora a la cabeza de la Orden, mostraba unos aires de gran señor y le hacía el juego a los innovadores. La pena de Francisco era demasiado grande como para que no se manifestara. Ya no podía mostrar a sus hermanos un rostro abierto y alegre, como era su costumbre. Por eso se iba ahora lejos de ellos, para ocultar su pena en la montaña, en medio del bosque. Había resuelto retirarse a una de las ermitas que él mismo había fundado unos años antes en las estribaciones de los Apeninos. Allí, en silencio y soledad, al menos ya no oiría hablar de malos ejemplos. Allí también ayunaría y rezaría hasta que el Señor se apiadara de él y se dignara mostrarle su rostro.

Una vez llegados a la cima de la primera colina, Francisco y León vieron que se levantaba frente a ellos una pequeña montaña cubierta de bosques, en medio de los cuales se encontraba oculta la humilde ermita de los hermanos. Se detuvieron un momento para contemplar esta verdeante pirámide enclavada en una estribación de los Apeninos. El verdor de esta vertiente enmascaraba su rudeza y su carácter salvaje. La otra vertiente, la que no se veía, pero que Francisco conocía muy bien, era mucho más escarpada; estaba formada por un talud de rocas. Por encima de la montaña, hasta donde alcanzaba la vista, el cielo se mostraba maravillosamente claro y luminoso. Era un hermoso y tranquilo atardecer de finales de verano. El sol acababa de ocultarse en el horizonte tras la cresta de los grandes montes. Ya no se veía más que un vapor de luz sobre el sol poniente. El aire empezaba a refrescar de una manera imperceptible. Una ligera niebla azulada se extendía y flotaba aquí y allá sobre los barrancos violáceos.

El sendero se elevaba ahora serpenteando por la ladera de la montaña. Los dos hermanos avanzaban lentamente y en silencio. Francisco caminaba un poco encorvado, con los ojos fijos en el suelo. Caminaba con el paso cansado de un hombre que se dobla bajo una carga demasiado pesada. Lo que le agobiaba así no era el peso de sus años. Apenas había dejado atrás los cuarenta. Ni tampoco el peso de sus pecados, aunque nunca se había sentido tan gran pecador ante Dios como ahora. Ni el peso de su orden en general. No conocía la orden en general. Ni conocía además nada de una manera general. Y para hacerle doblegarse, hacía falta algo mucho más pesado que las consideraciones abstractas. Lo que le hacía ir así, casi titubeando, era el pensamiento y la preocupación por cada uno de sus hermanos en particular. Cuando pensaba en ellos —y no podía dejar de hacerlo— volvía a ver a cada uno con su propia fisonomía, con sus alegrías y sufrimientos particulares, que él tenía el don de hacer suyos. Podía sentir el drama que se desarrollaba en esta hora en el corazón de muchos de sus hijos. Y lo sentía con los matices propios de cada uno de ellos, de un modo profundo y desgarrador. Tenía un extraordinario poder de sentir. Era en él como un instinto maternal. Tal vez había heredado esta sensibilidad de su madre, Dame Pica. «Si una madre alimenta y quiere a su hijo según la carne, le gustaba repetir, cuánto más debemos nosotros alimentar y querer a nuestros hermanos según el Espíritu».

Siendo todavía un muchacho, cuando estaba en el mundo, su rica sensibilidad le convertía en un ser particularmente receptivo y vulnerable; le hacía vibrar todo lo que estaba vivo, todo lo que era joven, noble y bello: las proezas de los caballeros, los poemas de las cortes de amor, las bellezas de la naturaleza, los encantos de la amistad. Pero esta sensibilidad también le hacía socorrer a los pobres; todo su ser se estremecía cuando uno de ellos se le acercaba con estas palabras: «Por amor de Dios». Su conversión no había destruido su humanidad. No había roto ninguno de sus resortes. Solo la había hecho más honda y la había purificado. Dios le había hecho sentir la vanidad de su vida. Y se había vuelto atento a unas llamadas más profundas. Al leproso que encontró un día en la campiña de Asís, al que abrazó a pesar de la fuerte repugnancia que sentía. A la del Crucifijo de la pequeña iglesia de San Damián, que se había animado ante sus ojos y le había dicho: «Vete, Francisco, repara mi casa, que, como ves, se viene del todo al suelo». Su poder de sentir se había vuelto así más profundo.

Y al mismo tiempo se había convertido en un poder de sufrimiento cada vez mayor.

El día iba ahora de bajada. Ya había oscurecido bajo los olmos y los pinos que trepaban por la roca. Un pájaro nocturno lanzó su grito en el bosque. El hermano León observó:

—No llegaremos antes de que se haga de noche.

Francisco no dijo nada. Pero pensaba para sí mismo que sería mejor así. Los hermanos de la ermita notarían menos su tristeza.

Pasaron ante el pequeño manantial al que los hermanos venían todos los días a sacar agua, y cuyo murmullo en las sombras señalaba su presencia. Ya no estaban lejos de su meta. Aún faltaba la distancia de uno o dos tiros de piedra. En la mente de Francisco surgió una duda. Cuando llegaba a una casa, tenía la costumbre de decir: «Paz a esta casa», tal como pide el Señor en el santo Evangelio. Pero, ¿tenía derecho a hacerlo ahora? ¿No era una deslealtad por su parte ofrecer algo que él no tenía y presentarse como un mensajero de paz cuando su corazón estaba vacío de ella? Francisco elevó los ojos al cielo. Entre las ramas de los pinos, que alzaban su masa negra a ambos lados del sendero, se extendía una estrecha franja de cielo azul oscuro. Las estrellas se encendían lentamente en el firmamento. Francisco suspiró. No había estrellas en su noche. Pero ¿había que esperar hasta el amanecer para seguir el Evangelio y configurarse con la petición del Señor?

En ese momento llegaron a la altura del pequeño oratorio de la ermita. Y el hermano León ya lo rodeaba por detrás. Entonces Francisco levantó la voz y gritó en el silencio de la noche:

—En el nombre del Señor, paz a esta casa.

Y el eco respondió en el bosque: «... a esta casa».

2
SOLO EN LA NOCHE

Pegada al pequeño oratorio estaba la casa de los hermanos. ¿Podía llamarse a esto una casa? Era una choza construida con tierra pisada y recubierta de ramaje. Cinco o seis personas bastaban para llenarla. La luz del día entraba en ella parsimoniosamente por una estrecha abertura practicada en la pared. El suelo era la roca desnuda. El único mobiliario era un banco de piedra y una gran cruz de madera colgada en la pared. En un rincón, unas piedras grandes formaban un hogar. La cabaña servía de cocina, refectorio y lugar de reunión a la vez. Pero los hermanos no vivían en ella. Sus celdas no estaban lejos, en la escarpada ladera de la montaña; estaban formadas por cuevas naturales bastante profundas a las que se accedía a través de un talud de rocas. Para llegar a estos agujeros sombríos en la muralla, había que ser como un rebeco, flexible, ligero y aéreo. Porque, en algunos lugares, se pasaba al borde del barranco.

La llegada de Francisco y León a la ermita no había cambiado nada en la vida de los hermanos. Esta vida era además muy sencilla. Seguían allí arriba la regla que el propio Francisco había dictado antaño en particular para las ermitas. «Los que quieran llevar vida religiosa en eremitorios», había prescrito Francisco, «sean tres hermanos o, a lo más, cuatro. Dos sean madres y tengan dos hijos, o, al menos, uno. Los dos que son madres lleven la vida de Marta, y los dos hijos lleven la vida de María (cf. Lc 10,38-42); [...] Pero los hijos tomen a veces el oficio de madres, tal como les pareciere establecer los turnos para alternarse de manera que procuren guardar solícita y esmeradamente todo lo dicho anteriormente».

Así, por turnos, dos de los hermanos se encargaban del mantenimiento material de la pequeña comunidad, mientras que los otros dos se entregaban libremente a la oración. En este paraje salvaje y escarpado, donde cada desplazamiento implicaba difíciles escaladas así como rápidos y peligrosos descensos, el mismo cuerpo estaba sometido a una disciplina de flexibilización y de purificación que lo hacía más dócil al espíritu. Para vivir esta vida de oración, había que tener el temperamento de malabarista y de acróbata. No había que tener miedo de servirse de las manos para caminar[1] o de rasparse la ropa contra la áspera roca. Esta acrobacia, en la mente de Francisco, era un

---

[1] El original francés dice: «marcher sur les mains». Es una expresión que emplean los senderistas de lengua francesa cuando llegan a un paso difícil o muy abrupto en el que tiene que servirse de las manos (ndt).

modo de alabar a Dios. Era también una gran sabiduría. El cuerpo y el alma, estrechamente asociados, participaban en el mismo impulso y encontraban su unidad en la verdadera paz del espíritu.

Esta vida, privada de todo confort y todo brillo, no toleraba ningún artificio. El hombre se veía obligado en ella a volver a su verdad. Se volvía sobrio en palabras y en gestos. Los mismos sentimientos se apaciguaban y se volvían más sencillos. No a fuerza de lecturas de repliegue en uno mismo, sino por esa santa y ruda obediencia a las cosas, a la que obliga la pobreza cuando se acepta en todo su rigor. Era una escuela ruda. El hombre aprendía en ella a sentir de una manera nueva, mucho más sencilla y más real.

Los únicos libros que se conocían en la ermita eran los de la sagrada Liturgia, el Misal y el Libro de las horas canónicas. En aquellos tiempos no había más que un ejemplar de estos libros para todos los hermanos. Pero la Palabra de Dios, contenida en ellos, encontraba aquí todo su sentido y, en cierto modo, su vigor original. No se veía inquietada o turbada por otras muchas lecturas. Y, por otra parte, nada nos ayuda a saborear y comprender la Palabra de Salvación como vivir uno mismo al límite. Solo cuando se está expuesto a todas las intemperies se da uno cuenta realmente de lo que es un techo. Del mismo modo, cuando se vive lejos de todo apoyo humano y de todo lo que suele dar habitualmente a nuestra existencia una apariencia de firmeza, se experimenta la verdad de palabras como éstas: «Mi roca, mi baluarte, eres tú». Porque entonces el hombre puede ver sin temor que su existencia tiembla como el frágil tallo de una orquídea silvestre en la hendidura de una roca sobre el abrupto barranco. Cuando, al anochecer, reunidos en el pequeño oratorio, los hermanos recitaban en completas el versículo: «Guárdanos, Señor, como a la niña de tus ojos», sabían que estaban expresando algo fuerte. Para ellos, todas estas fórmulas tenían el sabor de las cosas reales. No estaba Dios por un lado y la realidad por otro. Dios mismo era real en el corazón de las cosas reales.

Francisco había experimentado muchas veces los beneficios de esta vida en soledad. Habían pasado ya varios días desde su llegada a la ermita. Pero esta vez la paz no volvía a su alma. Muy de mañana, oía la santa misa celebrada por el hermano León. Luego se retiraba a la soledad. Allí rezaba largamente. Y esto en medio de grandes angustias.

Le parecía entonces que Dios se había alejado de él, y llegaba a preguntarse si no habría presumido de sus fuerzas. En esos momentos, recurría a la oración de los salmos para expresar su angustia. «Has alejado a mis amigos», le decía a Dios. «Me he convertido en un extraño entre mis hermanos. Mis ojos se consumen en el sufrimiento. Extiendo mis manos hacia ti. ¿Por qué rechazas mi alma? ¿Por qué me ocultas tu rostro? Estoy aterrorizado y turbado».

Pero su oración se hacía aún más apremiante cuando recitaba este versículo: «Enséñame tus caminos, oh Dios, oh Eterno». Toda su alma estaba presente en esta súplica. Expresaba su vehemente deseo de conocer la voluntad de Dios sobre él. Ya no sabía lo que Dios quería de él. Y se preguntaba con angustia qué debía hacer para serle grato. Desde su conversión, nunca había cesado de tender hacia el Bien. Creía haberse dejado conducir por Dios. Y ahora había chocado con el fracaso. Al esforzarse por seguir la pobreza y la humildad del Señor Jesucristo no había puesto su mirada más que en la Paz y el Bien. Y la cizaña había germinado y se había multiplicado bajo sus pies.

A menudo, su oración se prolongaba hasta bien entrada la noche. Una tarde, mientras estaba orando, estalló una fuerte tormenta. Ya había caído la noche. Una noche pesada y velada que, de repente, se iluminaba con grandes y deslumbrantes relámpagos. Los truenos retumbaban sordamente a lo lejos. Poco a poco se iban acercando los truenos. Y pronto la tormenta estalló con toda su fuerza justo encima de la ermita. Cada detonación sonaba como un enorme ariete contra la montaña. En primer lugar se oía un ruido estridente y rápido en lo alto del cielo, como el de una tela que se rasgara con un golpe seco. Luego se oía un espantoso crujido cuyo estrépito resonaba por la montaña. Parecía como si lo que acababa de caer del cielo continuara su estruendo bajo tierra con un redoble que hacía temblar todo.

Francisco, solo en la noche, también temblaba. Pero no era por ese miedo que sienten los hombres cuando se dan cuenta de que su vida está amenazada. Temblaba por no reconocer los designios de Dios sobre él. Se preguntaba qué quería Dios de él y temía no oír su voz. Aquella noche, la voz de Dios estaba en la tormenta. Pero había que saber entenderla. Francisco escuchaba.

¿Y qué decía esta voz poderosa que resonaba en la noche entrecortada por destellos fulgurantes? Clamaba la vanidad de todas las cosas de este mundo. Afirmaba que toda carne es como la hierba del campo, que florece por la mañana y se seca el mismo día por un viento abrasador. Y a lo lejos la voz retomaba el mismo tema, pero en un tono más grave y más sordo, en un prolongado redoble que se perdía tras las grandes montañas. ¿Y qué más decía esta voz? Que la gloria con que Dios se rodea es terrible. Y que nadie puede verle si antes no muere y pasa por el agua y el fuego.

El fuego caía del cielo. Y he aquí que el agua se mezclaba ahora con el fuego. Primero gotas grandes y dispersas, después lluvia a cántaros, recia, torrencial que, al caer sobre las rocas, salpicaba y chorreaba por todas partes hacia el barranco gorgoteando. Esto caía sobre la montaña como un inmenso bautismo. Como la invitación a una gran purificación. Francisco contemplaba y escuchaba. Permanecía inmóvil al abrigo de una roca. No tenía otra cosa que hacer que mirar y escuchar. Ya no era el momento de salir al mundo y predicar el Evangelio a las multitudes, ni de reunir a sus hermanos para hacerles alguna admonición. Ya no se trataba de hacer algo. Solo tenía que permanecer allí, como la montaña misma, sin moverse, sin inmutarse, en la pesada noche entrecortada de relámpagos, enteramente ocupado en recibir el agua y el fuego del cielo y dejarse purificar por ellos. Esta voz era misteriosa y difícil de oír.

La lluvia había cesado. Se había levantado un viento muy fresco que soplaba sobre la montaña. En el cielo, lejanas y pálidas, temblaban algunas raras estrellas. A cada momento parecía que el viento iba a apagarlas. La noche permanecía oscura, muy oscura. No se podía distinguir una cosa de otra, este árbol o esta roca bien conocida. No eran más que masas informes que se confundían en la oscuridad. El perfil habitual de las cosas se había borrado, dejando errar a la mirada por un espacio oscuro y sin fondo. Es duro aceptar esta desaparición de las cosas y mantener un cara a cara con lo que parece la nada. Es duro permanecer despierto en medio de este oscuro vacío, en el que no solo todos los seres familiares han perdido su resplandor, sus voces e incluso sus nombres, sino del que la propia presencia divina parece haberse retirado. Francisco había deseado la pobreza. Se había casado con ella, como decía él mismo. Y he aquí que, en este momento de su existencia, era pobre, dolorosamente pobre, más allá de todo lo que había podido soñar.

Antaño, cuando se retiraba a esta montaña, todo le hablaba de Dios y de su grandeza. Esta naturaleza salvaje le impregnaba del sentimiento de la majestad divina. Solo tenía que dejarse llevar por ella. Ahora había llegado el momento del reflujo. Se encontraba allí, oprimido, sin aliento, como un pez sacado fuera del agua.

3
LA ÚLTIMA ESTRELLA

Algún tiempo después llegó el hermano Ángel a la ermita. Su llegada era totalmente inesperada. El hermano explicó que venía de parte de la hermana Clara para pedirle a Francisco que tuviera a bien ir a verla. Según ella, tenía gran necesidad de verle. Clara se abstuvo de dar más precisiones. En realidad, si en este momento deseaba tanto volver a ver a Francisco era porque, desde las profundidades de su monasterio de San Damián, ella veía lo que estaba pasando en el alma del padre. Le habían dicho que se había retirado a la montaña para descansar. Pero comprendió muy pronto que se trataba de algo muy distinto. Conocía los sentimientos de Francisco y las graves preocupaciones que le causaba una fracción de la comunidad de los hermanos. Algo en su interior le había advertido de que el corazón de su padre estaba sumido en una profunda angustia.

Cuando Francisco oyó pronunciar el nombre de Clara, su mirada se iluminó de repente. Pero se apagó casi de inmediato, como el relámpago en la noche. Acababan de evocarle, en este instante, los días más hermosos de su vida. El nombre de Clara estaba asociado en su espíritu a aquel tiempo feliz y luminoso en el que ningún equívoco empañaba aún el brillo del ideal evangélico que el Señor le había revelado. Clara había percibido mejor que nadie el esplendor oculto de esta forma de vida y se había dejado irradiar por él. Lo que había venido a buscar de joven en Francisco, ella que era descendiente de la noble familia Offreducci, era la pura sencillez del Evangelio. Francisco la había consagrado entonces al Señor. Y Clara había permanecido fiel a la santa Pobreza.

—¡Bendito sea el Señor por nuestra hermana Clara! —exclamó Francisco al oír al hermano Ángel.

Pero enseguida sintió deseos de añadir: «Malditos sean los que derriben y destruyan lo que tú, Señor, has construido y no cesas de construir por medio de los santos hermanos de esta orden». Pero se retuvo. Sus destinatarios no estaban allí para oírle. Y además, le hacía demasiado daño maldecir. Se contentó con decir al hermano Ángel:

—Vuelve a nuestra hermana Clara y dile que en este momento no estoy en condiciones de ir a verla. Que me disculpe, por favor. La bendigo tanto como puedo y más.

Pero unos días más tarde, Francisco sintió como un pesar. Y, para mostrar a la hermana Clara que no la había olvidado y que era sensible a su gesto, le envió al hermano León.

En cuanto Clara vio llegar al hermano León, se apresuró a preguntarle:

—¿Cómo está nuestro padre?

—Nuestro padre, respondió León, sigue sufriendo mucho de los ojos, y también del estómago y del hígado. Pero es sobre todo su alma la que está enferma.

Se calló un momento. Después continuó:

—Nuestro padre ha perdido la alegría, toda la alegría. Él mismo nos dice que su alma está amargada. ¡Ah, si los que traicionan su ideal supieran el daño que le hacen! Están poniendo su misma vida en peligro.

—Sí, nuestro padre está en peligro —dijo Clara—. Pero la mano de Dios no le ha abandonado. Es ella la que le guía. Seguro que Dios quiere purificarle como el oro en el crisol. No dudo de que volverá a nosotros más resplandeciente que el sol. El amanecer del Señor en su alma es más seguro que el de la aurora en la tierra. Pero tenemos que rodearle y apoyarle en esta terrible prueba a fin de que la amargura no eche raíces en su corazón. No basta con que el grano brote y dé fruto. Debemos velar para que el fruto no sea amargo. La amargura acecha a toda madurez. Es el gusano que roe. Ahí está el peligro, hermano León. Creo que le haría mucho bien a nuestro padre venir aquí unos días. Haga todo lo posible para que se decida a salir de su soledad.

De vuelta a la ermita, el hermano León fue inmediatamente a ver a Francisco. Le encontró sentado cerca del pequeño oratorio y le comunicó con gran insistencia la petición de la hermana Clara.

—Nuestra hermana Clara reza por mí y eso es lo esencial —le respondió Francisco con dulzura—. No necesita ver mi rostro en este momento. Solo vería sombra y tristeza.

—Sí, padre —respondió León—. Pero tal vez la hermana podría traer consigo un poco de claridad.

—Es lo contrario lo que es de temer —respondió Francisco—. Temo proyectar la turbación y la oscuridad en su alma. ¡No sabes, León, qué pensamientos me agitan! En ciertos momentos, me atormenta la idea de que habría sido mejor quedarme en el negocio de mi padre, tomar una esposa y tener hijos como todo el mundo. Y una voz me repite incansablemente que todavía no es demasiado tarde para hacer lo correcto. ¿Crees que puedo acudir a nuestra hermana Clara con semejantes ideas en la cabeza?

—No son más que ideas sin fundamento —dijo León—. Te pasan por la cabeza, pero no tienen el menor dominio sobre ti. No eres capaz de dejarte sacudir y arrastrar por esas ideas.

—Pues bien, desengáñate —aseguró Francisco—. Soy capaz. Aún puedo tener muy bien hijos e hijas.

—Padre, ¿qué estás diciendo?

—Nada más que la verdad. ¿Y por qué te extrañas?

—Porque te tengo por un santo —respondió León.

—Solo Dios es santo —le replicó vivamente Francisco—. Por lo que a mí respecta, no soy más que un vil pecador. Oyes, hermano León, ¡un vil pecador! Solo me queda una cosa en la noche, y es la inmensa piedad de mi Dios. No, no puedo dudar de la inmensa piedad de mi Dios. Reza, hermano León, para que, en mis tinieblas, no se apague para mis ojos esta última estrella.

Francisco se calló. Al cabo de un momento, se levantó y se adentró solo en el bosque. León le seguía con la mirada. Francisco sollozaba.

4

EL GEMIDO DE UN POBRE

Unos días más tarde, al volver de orar en el bosque como era su costumbre, Francisco encontró a un joven hermano esperándole en la ermita. Era un hermano laico que había venido expresamente a pedirle un permiso. A este hermano le gustaban mucho los libros y le hubiera encantado que el padre le permitiera guardar algunos de ellos. Deseaba poseer, sobre todo, un salterio. Su piedad, explicaba, ganaría si pudiera disponer libremente de tales libros. Ya tenía el permiso de su ministro, pero le habría gustado mucho obtener el de Francisco.

Francisco escuchaba al hermano exponer su petición. Veía mucho más allá de lo que este le decía. Las palabras de este último resonaban en sus oídos como un eco. Le parecía estar oyendo el lenguaje de ciertos ministros de su orden, deslumbrados por el prestigio de los libros y de la ciencia. ¿No le había pedido no hace mucho uno de ellos permiso para conservar para su propio uso toda una colección de magníficos y preciosos libros? Con el pretexto de la piedad, se estaba desviando, pues, a los hermanos de la humildad y de la sencillez de su vocación. Pero eso no era todo. Los innovadores querían que él, Francisco, diera su aprobación. La autorización que pudiera dar a este joven hermano sería explotada evidentemente por los ministros. A decir verdad, era demasiado. Francisco sintió elevarse en él una violenta cólera. Pero se puso tenso y se retuvo. Le hubiera gustado estar a mil leguas de allí, lejos de la mirada de este hermano que esperaba y espiaba sus reacciones. De repente, le vino una idea.

—¿Quieres un salterio? —gritó—. ¡Pues bien, espera, que voy a buscarte uno!

Saltó a la cocina de la ermita, entró en ella, metió la mano en el hogar apagado y sacó un puñado de cenizas, y con ella volvió inmediatamente junto al hermano.

—¡Aquí tienes tu salterio! —y diciendo esto, le frotó la parte superior de la cabeza con la ceniza.

El hermano no se esperaba esto. Sorprendido y confuso, no sabía qué pensar ni qué decir. Era manifiesto que no entendía nada. Permanecía con la cabeza gacha, en silencio. El mismo Francisco, una vez pasada su primera reacción, se quedó desconcertado ante este mutismo. Acababa de hablarle con un lenguaje rudo, tal vez demasiado rudo. Ahora hubiera deseado explicarle por qué actuaba así, decirle amplia y claramente lo que pensaba. Mostrarle que, a buen seguro, no tenía nada contra la ciencia ni contra la propiedad en general, pero que él, el hijo del rico mercader de paños de Asís, sabía lo difícil que era poseer algo y seguir siendo amigo de todos los hombres y, sobre todo, amigo de Jesucristo. Que allí donde cada uno se esfuerza por constituirse una posesión, llega el final de una verdadera comunidad de hermanos y amigos. Y que nunca será posible evitar que el hombre que tiene unos cuantos bienes al sol no adopte espontáneamente una actitud defensiva respecto a los otros hombres. Así se lo había explicado antaño al obispo de Asís, que se asombraba de la excesiva pobreza de los hermanos.

—Señor obispo —le había dicho entonces—, si tuviéramos posesiones, necesitaríamos armas para defenderlas.

El obispo lo había comprendido perfectamente. Eran cosas que conocía por experiencia. Con excesiva frecuencia, los hombres de Iglesia tenían que convertirse en hombres de armas para defender sus bienes y sus derechos.

Pero, ¿qué tenía que ver todo eso con un salterio en manos de un novicio? Francisco veía bien que a los ojos de este joven hermano todas estas graves explicaciones solo podían parecer desproporcionadas con el objeto de su petición. Desproporcionadas y, por consiguiente, ininteligibles. Nunca se había sentido aún tan impotente como en este momento.

—Cuando tengas tu salterio —dijo por fin al hermano—, con la esperanza de hacerse comprender a pesar de todo, ¿qué harás con él? Te sentarás en un sillón o en un trono, como un gran prelado, y le dirás a tu hermano: «Tráeme mi salterio».

El hermano sonrió, una sonrisa avergonzada. No veía el alcance de la observación de Francisco. Este acababa de expresarle con humor la tragedia del tener tal como él la veía: todas nuestras relaciones humanas quedarían falseadas, corrompidas, reducidas a las relaciones de amo y esclavo a causa del tener. A causa de los bienes que creemos poseer. Y no hacía falta poseer mucho para comportarse como un amo. Esto era grave, demasiado grave como para tomarlo a risa.

Pero Francisco no tenía delante más que a un niño. Un pobre niño que no podía entender estas cosas graves, pero al que, no obstante, tenía que intentar salvar. Se sintió lleno de una inmensa piedad por él. Le cogió maternalmente del brazo y le llevó junto a una roca donde se sentaron los dos.

—Escucha, hermanito —le dijo—. Voy a confiarte algo. Cuando yo era más joven, a mí también me tentaban los libros. Me hubiera gustado tenerlos. Pensaba entonces que me traerían sabiduría. Pero mira, ni todos los libros del mundo reunidos podrían darte la sabiduría. No hay que confundir la ciencia con la sabiduría. Cualquier demonio por sí solo conoció antiguamente cosas celestiales y conoce hoy mucho más sobre las cosas terrestres que todos los hombres juntos. En la hora de la prueba, en la tentación o en la angustia, no son los libros los que pueden venir en nuestra ayuda, sino simplemente la Pasión del Señor Jesucristo.

Francisco se calló un momento. Luego, con dolor, añadió:

—Ahora sé que Jesús es pobre y está crucificado. Eso me basta.

Este pensamiento le absorbió de pronto por completo. Permaneció abismado en él, con los ojos cerrados, completamente ajeno a lo que pudiera ocurrir a su alrededor. Cuando, al cabo de un largo rato, volvió en sí, constató horrorizado que estaba solo. El hermano le había dejado y se había vuelto.

Pasaban los días. A los ojos de Francisco, estos se volvían cada vez más sombríos. Había llegado el otoño. Grandes ráfagas de viento arrancaban las hojas amarillas y púrpuras de los árboles, y las hacían revolotear, girar y bailar bien alto a la luz del sol, como una nube de mariposas. Después, poco a poco, el bosque perdió su resplandor. Entre los árboles desnudos, solo los grandes pinos seguían formando oscuras manchas verdes aquí y allá. Pronto empezaron a sentirse los primeros fríos anunciando la llegada ya próxima del invierno. Y una mañana de diciembre, la ermita se despertó cubierta de nieve.

El decorado cambiaba. Mas para Francisco, el tiempo parecía haberse detenido. Algo en él se había congelado.

Los días y las estaciones continuaban su ronda. Pero él ya no se encontraba en el movimiento de las cosas y de los seres. Vivía fuera del tiempo. Igual que muchas veces se le había visto irse solo por los senderos dorados del otoño, también se le veía ahora deslizarse como una sombra sobre la nieve recién caída, siempre en busca de una paz que huía de él.

Francisco pasaba largas horas lejos de la mirada de sus hermanos. Oraba. Pero ya no era como antes en las pequeñas iglesias de la campiña de Asís, las de San Damián o la Porciúncula. Cristo ya no cobraba vida ante sus ojos. En su lugar, estaba el vacío, un vacío muy grande. Se preguntaba qué debía hacer. ¿Dejar la ermita y volver con sus hermanos? Pero entonces, ¿cómo ocultarles su tristeza y su angustia? ¿Y qué iba a decirles? ¿Permanecer en la soledad? Pero, ¿no era eso abandonar a aquellos que el Señor le había confiado? Se sentía responsable de cada uno de ellos, como una madre con respecto a cada uno de sus hijos. ¿Y cuántos iban a quedar turbados, desorientados y quizás desviados para siempre de su vocación por su silencio y su renuncia? En algunos momentos, sentía surgir en él una profunda cólera contra todos los que querían arrebatarle a sus hijos. Después llegaba a dudar de sí mismo. Se reprochaba sus faltas, sobre todo su orgullo.

Y mientras Francisco se sumía así en la soledad ante Dios, las horas pasaban. A menudo se olvidaba de las comidas.

Llegaba tarde a los oficios de la pequeña comunidad. Los hermanos se habían acostumbrado ya a no esperarle. Así lo habían convenido. La angustia en que estaba sumido su padre los abatía a todos. Y, sin embargo, cuando él mismo estaba en medio de ellos, se esforzaba en no mostrar los profundos sentimientos que le torturaban. Se mostraba afable, atento a cada uno de ellos y con una bondad exquisita. Siempre tenía una palabra amable para el hermano que volvía de la ronda de cuestación por las aldeas de la montaña. Pero no podía ocultarles sus ojos enrojecidos, en carne viva por las lágrimas. Ni tampoco su extrema delgadez. Se estaba marchitando ante los ojos de todos.

Un día en que hacía mucho frío, León salió a buscarle a la nieve. Lo encontró arrodillado contra una roca con la que parecía haberse fundido. Estaba como petrificado. Cerca de allí, un gran pino todo él cubierto de nieve y escarcha alzaba hacia el cielo sus enormes racimos de agujas centelleantes. Se hubiera dicho que era un gigantesco candelabro de plata maciza. León levantó a Francisco y empezó a llevarle suavemente hacia la ermita, sosteniéndole por el brazo, como a un pobre niño perdido. En algunos lugares, se veía cómo la nieve se deslizaba desde las altas ramas de los pinos y caía en fino polvo blanco. Un frío glacial abrazaba duramente todo. En el silencio, se oía crujir a los árboles bajo la mordedura del hielo. Un pálido sol de invierno derramaba sus rayos oblicuos sobre la nieve, y la volvía deslumbrante. Esta reverberación cegaba a Francisco. Sus ojos enfermos no soportaban este resplandor. Era como un pájaro nocturno al que se había molestado en su retiro y se encontraba deslumbrado por la luz del día.

León condujo a Francisco a la cabaña, donde los hermanos habían encendido un fuego. Francisco se sentó ante el hogar. Cruzó las manos en torno a las rodillas y se quedó así mucho tiempo, contemplando el fuego. No decía nada. A veces le recorría un escalofrío que sacudía todos sus miembros. Cuando la llama no era demasiado viva, seguía su rápido movimiento con los ojos. La veía correr de un extremo a otro de los tizones, elevarse, bailar, después acostarse, enroscarse en la rama, casi apagarse y volver a saltar con repentinas crepitaciones de las que saltaba una polvareda de chispas. De vez en cuando, León echaba un puñado de ramitas secas al fuego para reavivarlo. La llama se elevaba entonces clara y toda blanca. Francisco cerraba los ojos para evitar el deslumbramiento o bien extendía las manos a modo de pantalla.

León le hablaba con dulzura. Eran palabras muy sencillas, ingenuas, como las que se dicen a un niño enfermo. Francisco escuchaba y sonreía. Se sentía muy agotado, incapaz de cualquier esfuerzo. Permanecía inmóvil, con la mirada perdida en el fuego del hogar. La llama bajaba lentamente. Se dividía en una multitud de llamitas azules, verdes, rojas y anaranjadas que brillaban alrededor del tronco, lo envolvían y lo lamían por todos lados, con un débil y lastimero chisporroteo. Fuera, el viento soplaba y silbaba a ráfagas. Y se oía al bosque temblar y gemir bajo su soplo. Francisco meditaba ante este pobre fuego. Antes, cuando los hermanos iban al bosque a recoger ramas, él les recomendaba cuidadosamente que no dañaran el tronco para dejarle la esperanza de reverdecer. Ahora se preguntaba ansiosamente si el árbol había sido preservado lo suficiente y si algún día podría volver a partir.

5
CADA VEZ MÁS TINIEBLAS

La vida es dura en las ermitas de montaña durante el invierno. La soledad se vuelve aún mayor y también más temible. El hombre se queda solo allí donde se ha borrado todo rastro de vida. Solo con sus pensamientos y sus deseos. ¡Ay de quien haya llegado a la soledad sin ser guiado por el Espíritu! El solitario debe permanecer encerrado en su celda durante días enteros, sombríos y fríos. Fuera, la nieve ha cubierto todos los senderos, o bien no cesa de caer una lluvia glacial. El hombre está solo ante Dios, sin escapatoria posible. Sin libros para distraerle. Nadie que le mire o le anime. Se ve devuelto a sí mismo. A su Dios o a sus demonios. Reza. Y a veces también presta oído a lo que pasa fuera. Ya no es el canto de los pájaros lo que oye, sino el silbido del cierzo que sopla sobre la nieve. Tiembla de frío. Tal vez no haya comido desde la mañana. Y se pregunta si los hermanos que han salido a mendigar le traerán algo.

Cuando el hombre tiene frío, se acurruca sobre sí mismo como una bestia. Y algunas veces sucede que, en vez de meditar, murmura y blasfema. El invierno siempre es duro en casa del pobre. Sus tejados son demasiado delgados o están demasiado deteriorados para detener el viento frío. El cierzo agrio se cuela en el interior, hasta el corazón, que se pone a temblar amargamente.

Por más que alguien haya querido la pobreza y ser duro y resistente como una roca, puede ocurrir que la mordedura del frío sea más fuerte y agriete la misma piedra. Entonces, de una manera insidiosa, habla la tentación. Y su lenguaje es el del sentido común: «¿Para qué sirve sufrir tanto? ¿No es una pura locura obstinarse inútilmente en soportar el hambre y el frío? ¿Es realmente necesario retirarse a un agujero siniestro para seguir al Señor?».

Ahora bien, en el caso de las almas de élite, la tentación puede adoptar otro rostro, más noble y más puro que el del sentido común general: el de la misma santidad.

De entre todos los habitantes de la ermita, el hermano Rufino era el que más observaba a Francisco. Desde hacía meses, le había visto arrastrarse miserablemente, sin reaccionar, sin empuje, sin alegría. Al principio, había sentido una gran piedad por él. Después la cosa empezó a intrigarle y a inquietarle. El prolongado estado de tristeza y postración de Francisco le molestaban; le parecían fuera de lugar. Poco a poco, se fue levantando una duda en su alma. ¿Era realmente Francisco el hombre de Dios que él, Rufino, creía? ¿No se había equivocado al seguirle? ¿No había creído prematuramente en su santidad? En este caso, ¿no le correspondía a él, al hermano Rufino, recoger el guante y mostrar a todos de lo que es capaz un verdadero santo?

Así las cosas, uno de los ángeles de Satanás se puso un manto de luz y susurró al oído de Rufino: «¿Qué tienes que ver tú, hermano Rufino, con el hijo de Pietro Bernardone? Es un estúpido que quiso dárselas de innovador. Ha seducido a muchos y se ha engañado a sí mismo. Y mira a lo que ha llegado: no es más que un pobre despojo, sin brío, sin voluntad. Y lo que le hace languidecer y gemir no es otra cosa que un gran orgullo herido y desengañado. Créeme. Yo soy el Hijo de Dios. Sé a quién he elegido y predestinado. El hijo de Bernardone está condenado y cualquiera que le siga ha sido engañado. Recupérate mientras aún estás a tiempo. Deja que este innovador corra a su perdición. No le escuches más. Ni siquiera le hables de lo que acabo de decirte. Y sobre todo, abstente de preguntarle. Podría seducirte. Avanza intrépidamente y con sencillez. Sigue tu inclinación hacia la perfección, esta inclinación que he puesto en ti como promesa de eternidad. Los antiguos eremitas cuyos ejemplos meditas te muestran el camino. Ese es un camino seguro, un camino probado y bendito. Imita, pues, a los antiguos. Y no te ocupes de los que, con el pretexto del Evangelio, quieren renovarlo todo». Y el ángel de Satanás hizo resplandecer magníficamente su manto de luz ante los ojos de Rufino. Este quedó deslumbrado y arrebatado. No cabía duda de que Dios mismo acababa de hablarle a través de esta voz misteriosa.

A partir de ese día, Rufino dejó de aparecer en comunidad. Como los antiguos eremitas, quería vivir en el más completo aislamiento, sin ver a nadie. Por encima de todo, quería evitar encontrarse con Francisco. Había perdido toda confianza en él. Y cuando, por casualidad, le veía venir desde lejos, enseguida salía corriendo en otra dirección. Al principio, ni Francisco ni los demás hermanos repararon en la actitud de Rufino. Todos tenían una idea muy elevada de él. Sabían que era un hombre de profunda oración. Y Francisco les había enseñado a todos a respetar los designios particulares del Señor sobre cada uno de ellos. Él mismo se habría guardado de perturbar la acción de Dios en un alma.

Pero un día, en el recodo de un camino en el bosque, Francisco se encontró cara a cara con Rufino. Este no se esperaba en absoluto este encuentro. Inmediatamente dio media vuelta y, como una bestia asustada, huyó adentrándose en el bosque. Francisco, asombrado, le llamó varias veces, pero fue en vano. Esta huida de Rufino le hizo abrir los ojos. No podía ser el Espíritu del Señor quien le hacía huir de este modo, sino más bien el Maligno, que siempre intenta separar al hombre de sus hermanos para hacerle caer más fácilmente. Así pensaba Francisco.

Por eso, unos días más tarde, tras haber orado largamente, Francisco envió a León a buscar a Rufino.

—¿Qué tengo yo que ver con el hermano Francisco? —replicó Rufino a León—. No quiero seguirle más. Ya estoy harto de sus fantasías. A partir de ahora, quiero llevar una vida solitaria en la que pueda salvarme con más seguridad que siguiendo las necedades del hermano Francisco.

—¡Qué estás diciendo, hermano Rufino! —exclamó León, que no daba crédito a sus oídos.

—¡Lo que digo te escandaliza! Pues bien, debes saber que Francisco no es el hombre de Dios que tú crees. Ahora tengo la prueba y la certeza. Desde hace meses, se arrastra lastimosamente, sin brío, sin voluntad, sin alegría. ¿Es esa en verdad la actitud de un santo? A buen seguro que no. Se ha equivocado y nos ha engañado. ¿Recuerdas el día en que me obligó, en nombre de la obediencia, a ir a predicar sin hábito, semidesnudo, a la iglesia de Asís? ¿Crees que lo hacía inspirado por Dios? No era más que una fantasía por su parte, una de sus mil burdas fantasías. Pues bien, ese tiempo ya ha pasado para mí. Ya no me enviará a predicar ni a cuidar leprosos. El Señor me ha mostrado el camino que yo debía seguir.

—Pero, ¿quién ha podido meterte todas esas ideas en la cabeza? —preguntó León, horrorizado—. Si Dios te permitiera experimentar, aunque solo fuera por un instante, todo lo que nuestro padre está padeciendo en su cuerpo y su alma, clamarías inmediatamente misericordia. Para resistir como lo está haciendo en medio de tan grandes sufrimientos, es preciso que Dios esté sosteniéndole de verdad. Es menester que tenga en él la fuerza misma de Dios. Piensa un poco en todo esto.

—Está todo pensado —replicó Rufino—. Dios mismo me ha hablado. Ahora sé a qué atenerme con respecto al hijo de Pietro Bernardone.

—No, no, eso no es posible —protestó León, totalmente conmocionado—. No vas a abandonar a pesar de todo a nuestro padre. Sería correr a tu perdición. ¡Y qué golpe mortal sería para él! Te lo suplico, Rufino, por el amor de Nuestro Señor Jesucristo, deja esos pensamientos y vuelve con nosotros. Todos te necesitamos. El demonio lo sabe. Por eso se encarniza en seducirte.

—Vete, hermano León —le interrumpió bruscamente Rufino—. No me importunes más. Mi camino me lo ha trazado por completo el Señor mismo. ¡Que me dejen tranquilo! Es todo lo que pido.

León volvió con Francisco y le contó su entrevista con Rufino. Francisco vio entonces el grave peligro que corría este y se preguntó cómo podría salvarle. Dejó pasar unos días. Después, envió, una vez más, a León en busca de Rufino. Pero León chocó con la misma obstinación y el mismo rechazo. Se vio obligado a regresar sin más éxito.

—¡Qué desgracia! Es culpa mía —dijo entonces Francisco a León—. No he estado suficientemente atento. No he sabido atraerle hacia mí. No he sido capaz de sufrir como debía, atrayendo a los otros hacia mí, como sufrió el mismo Señor Jesús.

—Jesús también fue abandonado por los suyos en el momento de su agonía y de su pasión —le hizo observar León.

—Sí, es verdad —dijo Francisco tras un momento de silencio—. «Está escrito que heriré al pastor y las ovejas se dispersarán». Dios lo permitió con su Hijo. El discípulo no debe pretender estar por encima del Maestro.

Se calló y permaneció unos segundos absorto en sus pensamientos. León le miraba, sin saber qué decir.

—¡Ah! hermano León —dijo Francisco—, esta es en verdad la hora de las tinieblas. Es horrible. No creía que lo fuera tanto. Déjame solo, hermano León. Necesito clamar a Dios.

León se retiró.

—Señor Dios —dijo entonces Francisco—, has apagado mi lámpara. Y ahora estoy sumido en las tinieblas, y conmigo todos los que me diste. Me he convertido en un objeto de espanto para ellos. Los mismos que me estaban más unidos huyen de mí. Has alejado de mí a mis amigos, a mis compañeros de la primera hora. ¡Ah, Señor, escucha mi oración! ¿No ha durado ya bastante la noche? Enciende un nuevo fuego en mi corazón. Vuelve tu Rostro hacia mí y deja que la luz de tu aurora brille de nuevo en mi rostro, a fin de que los que me siguen no caminen en tinieblas. Ten piedad de mí, te lo pido por ellos.

No lejos, se deslizó un haz de nieve desde lo alto de un árbol. Se oyó un crujido de ramas y luego un ruido sordo en el suelo. Y todo volvió a quedar en un gran silencio.

6
¿APUNTA EL ALBA?

Llegada la primavera, en cuanto los caminos se volvieron de nuevo practicables, Francisco se puso en marcha para ir a ver a la hermana Clara. Había acabado por ceder a las instancias del hermano León. El invierno que acababa de pasar en la ermita había sido el menos soleado de toda su vida. Y, sin embargo, cuando abandonó la pequeña montaña, no se despidió. Se había prometido a sí mismo que volvería a ella lo antes posible. Con León, su habitual compañero de camino, descendió por las pendientes boscosas, que se cubrían ya de jóvenes brotes verdes. Y por encima de las colinas, relucientes de agua y de sol, llegó a la carretera que conduce a San Damián.

Clara recibió una gran alegría cuando le anunciaron que Francisco estaba allí. Pero cuando vio su rostro adelgazado y terroso, en el que se leía un inmenso sufrimiento, se sintió llena de piedad y de tristeza.

—¡Oh! padre —dijo en voz baja—, ¡cómo has debido sufrir! ¿Por qué has tardado tanto en venir a vernos?

—La tristeza —le respondió Francisco—, me atribulaba y me paralizaba. He sufrido terriblemente. Y esto aún no ha terminado.

—¿Por qué, padre, estás triste hasta ese punto? Tú mismo puedes ver que eso te hace daño. Y los demás necesitamos tanto tu paz y tu alegría.

—No estaría tan triste —respondió Francisco—, si el Señor no me hubiera confiado esta gran familia. Y si no me sintiera responsable de mantener a mis hermanos fieles a su vocación.

—Sí, comprendo —dijo Clara, que quería evitarle entrar en explicaciones demasiado dolorosas.

Pero Francisco deseaba hablar. Tenía el corazón muy cargado. Era un alivio para él expresarse libremente.

—Hoy —prosiguió—, se cuestiona nuestra vocación. Algunos hermanos miran con envidia hacia formas de vida religiosa más organizadas, más poderosas y más instaladas. Querrían que las adoptáramos. Me temo que les empuja a ello el miedo a parecer menos que los demás. Están ávidos de hacerse un sitio bajo el sol. Por mi parte, no tengo nada en contra de esas formas de vida religiosa que la santa Iglesia aprueba. Pero el Señor no me ha llamado a fundar una orden poderosa, una universidad o una máquina de guerra contra los herejes. Una orden poderosa tiene una finalidad precisa. Tiene algo que hacer o defender, y se organiza en consecuencia. Es menester que sea fuerte para ser eficaz.

Pero el Señor no nos ha pedido a nosotros, los hermanos menores, que hagamos o reformemos o defendamos nada en la santa Iglesia. Él mismo me reveló que debemos vivir según la forma del santo Evangelio. Vivir, sí, simplemente vivir. Solo eso, pero en plenitud. Siguiendo la humildad y la pobreza del Altísimo Señor Jesucristo, dejando de lado toda voluntad de dominio, cualquier preocupación por la posición y el prestigio, e incluso cualquier voluntad particular. Durante mi retiro de este invierno en la montaña, he pensado mucho en esto. Y se ha vuelto para mí una evidencia: esta vida según la forma del Evangelio es tal que no se le pueden aplicar los principios organizativos de otras órdenes sin destruirla al mismo tiempo. No se deja cortar ni regular desde el exterior. Esta vida evangélica, si se vive de manera auténtica, debe brotar libremente y encontrar su ley en sí misma. Algunos hermanos me piden una regla más precisa, más determinada. Pero yo no puedo decirles otra cosa que lo que ya les he dicho y que el señor papa ha aprobado plenamente, a saber, que la regla y la vida de los hermanos menores consisten en observar el santo Evangelio de Nuestro Señor Jesucristo. A esto, aún hoy, no tengo nada que añadir ni quitar. Vivan, pues, los hermanos en la humilde y pobre condición que fue la del Señor; anuncien el Reino de Dios a toda criatura como él lo hizo; y si en un lugar son expulsados o perseguidos, vayan a otro. Y dondequiera que sean recibidos, que coman de todo lo que se les ofrezca. Los hermanos que vivan así no constituirán sin duda una orden poderosa, pero formarán comunidades libres de amigos dondequiera que vayan. Serán verdaderos hijos del Evangelio. Serán hombres libres porque nada limitará su horizonte. Y el Espíritu del Señor soplará en ellos como él quiere.

Clara escuchaba, profundamente conmovida. Le costaba ocultar su emoción. Lo que estaba oyendo encontraba en ella un eco muy profundo. Y lo que veía acababa de estremecerla. Francisco se había ido animando mientras hablaba. Aquel hombre enclenque y canijo, que ya no tenía aspecto alguno, irradiaba en aquel momento una belleza sobrehumana. Lo que decía adquiría un tono elevado de fuerza y de grandeza. Una gran pasión le elevaba y le iluminaba. Era un profeta que hablaba.

Clara se habría contentado de buena gana con admirarle y aprobar lo que decía. Pero no podía olvidar que en aquel momento tenía que jugar un importante papel. La extraordinaria grandeza con la que Francisco aparecía en ese momento ponía aún más de manifiesto el sufrimiento que le atormentaba. Clara le dejaba hablar porque veía que eso le aliviaba. Pero mientras le escuchaba, no dejaba de preguntarse cómo podría cogerle de la mano y devolverle al camino de la paz.

Francisco, por su parte, estaba completamente cogido por su tema y ya no sentía el ardor en los ojos y en el estómago. Tenía la impresión de revivir. Todos sus sufrimientos estaban absorbidos por la pasión que le animaba. Habría emprendido de buena gana el viaje a lo largo y ancho de toda la tierra para ver cumplida la voluntad del Señor sobre él. No tenía en cuanta sus fuerzas físicas. Estas ya no podían sostener la llama que le consumía. Mientras seguía hablando, de repente se sintió invadido por una grandísima fatiga. Y con ella, pronto reapareció el abatimiento en su alma. Entonces, las mariposas negras volvieron a bailar ante sus ojos.

—Desgraciadamente —prosiguió tras un breve momento de silencio—, me siento como un padre rechazado por sus propios hijos. Ya no me reconocen. Se avergüenzan de mí. Les da vergüenza mí sencillez. Que el Señor se apiade de mí, hermana Clara.

—No todos tus hijos te han rechazado —replicó Clara con dulzura—. Y Dios te tiene siempre cogido de la mano.

—¡Dios! —suspiró Francisco con dolor—. Cuando ahora me presento ante él en la soledad, tengo miedo y tiemblo. ¡Si al menos supiera lo que debo hacer!

—Tal vez no haya nada que hacer —prosiguió Clara.

Se produjo un momento de silencio. Entonces Clara continuó:

—Ya sabes lo que dice el Señor en el Evangelio: «El Reino de los Cielos es como un hombre que siembra buena semilla en su campo...». El trigo brotó, pero también la cizaña. Y los siervos vinieron a preguntar a su amo si no debían emplearse a fondo para arrancar la cizaña. «No hagáis nada», les respondió. «Os arriesgáis a arrancarlo todo, tanto la cizaña como el trigo. Dejad, pues, que crezcan juntos hasta la siega».

Dios no comparte nuestros temores, ni nuestro orgullo, ni nuestra impaciencia. Sabe esperar, como solo Dios sabe esperar. Como solo un padre infinitamente bueno sabe esperar. Es indulgente y misericordioso. Siempre espera. Hasta el final. No le importa que en su campo se acumulen montones de basura y esto no sea algo bello a la vista, si, al final, recoge mucho más trigo que cizaña. A nosotros nos cuesta creer que la cizaña pueda convertirse un día en trigo y dar hermosos granos rojizos y dorados. Los agricultores nos dirán que nunca han visto producirse una metamorfosis semejante en sus campos. Pero Dios, que no se fija en las apariencias, sabe que, con el tiempo de su misericordia, puede cambiar el corazón de los hombres.

Hay un tiempo para todos los seres. Pero ese tiempo no es el mismo para todos. El tiempo de las cosas no es el tiempo de los animales. Y el tiempo de los animales no es el de los seres humanos. Y por encima de todo y distinto de todo, está el tiempo de Dios, que encierra a todos los otros y los supera. El corazón de Dios no late al mismo ritmo que el nuestro. Tiene su propio movimiento. El de su eterna misericordia, que se extiende de edad en edad y nunca envejece.

Nos resulta muy difícil entrar en este tiempo divino. Y, sin embargo, solo en él podemos encontrar la paz.

—Tienes razón, hermana Clara. Mi turbación y mi impaciencia provienen de un trasfondo demasiado humano. Me doy cuenta. Pero aún no he descubierto a Dios. Aún no vivo en el tiempo de Dios.

—¿Quién se atrevería a pretender que vive en el tiempo de Dios? —preguntó Clara—. Para ello, tendría que tener el corazón mismo de Dios.

—Aprender a vivir en el tiempo de Dios —prosiguió Francisco—, es, a no dudar, ¡el secreto de la sabiduría!

—Y la fuente de una grandísima paz —añadió Clara.

Hubo de nuevo otro momento de silencio. Después, prosiguió Clara:

—Supongamos que una de las hermanas de esta comunidad viene a acusarse de haber roto algo por una torpeza o una falta de atención; sin duda le haría una observación y le impondría una penitencia, como es costumbre. Pero si viniera a decirme que había prendido fuego al monasterio y que todo estaba quemado o casi, no creo que en ese momento tuviera nada que decirle. Me encontraría ante un acontecimiento que me sobrepasa. La destrucción del monasterio es realmente un asunto demasiado grande para que me turbe profundamente. Lo que Dios mismo ha construido no puede depender de la voluntad o del capricho de una criatura. Es algo que tiene una solidez de otro tipo.

—¡Ah, si yo pudiera tener una fe tan grande como un grano de mostaza! —suspiró Francisco.

—Le dirías a esa montaña: «Quítate de ahí», y la montaña desaparecería —añadió Clara.

—Sí, es eso —convino Francisco—. Pero ahora me he vuelto como un ciego. Necesito que alguien me coja de la mano y me guíe.

—No se es ciego cuando se ve a Dios —replicó Clara.

—¡Ay de mí! —dijo Francisco—. En mi noche, busco a tientas y no veo nada.

—Pero Dios te guía a pesar de todo.

—Lo creo, a pesar de todo.

Se oía el canto de los pájaros en el jardín. A lo lejos, en la llanura, rebuznaba un asno. Una campana se puso a tintinear con nitidez.

—El futuro de esta gran familia religiosa que el Señor me ha confiado —prosiguió Francisco—, es a buen seguro un asunto demasiado grande para que dependa solo de mí y para que me preocupe hasta el punto de sentirme turbado. Es también, y sobre todo, asunto de Dios. Bien lo has dicho. Pero reza para que esta palabra germine en mí como una semilla de paz.

Francisco se quedó unos días en San Damián. Gracias a los cuidados de Clara, recuperó parte de sus fuerzas. En la paz de este convento y a la suave luz de la primavera de Umbría, Francisco parecía haber descansado de sus preocupaciones y de sus inquietudes. Escuchaba con placer el canto de las alondras. Las buscaba con la mirada en el inmenso y profundo azul donde se perdían. Por la noche, retirado en una choza al fondo del jardín, pasaba sus momentos de insomnio mirando por la pequeña ventana el firmamento, todo centelleante de estrellas. Nunca le habían parecido tan hermosas las estrellas. Le parecía descubrirlas por primera vez. Brillaban claras y preciosas en el gran silencio nocturno. Nada las turbaba. Sin duda pertenecían al tiempo de Dios. No tenían ni voluntad ni movimiento propios. Simplemente obedecían al ritmo de Dios. Por eso nada podía turbarlas. Estaban en la paz de Dios.

Pero Francisco pensaba en volver a la ermita. Pensaba en los hermanos que había dejado allí arriba. Sobre todo en el hermano Rufino, de quien sabía que estaba en grave peligro. La fiesta de la Pascua estaba ahora muy cerca. Tenía prisa por volver para estar con sus hermanos y celebrar con ellos a Cristo resucitado.

En el momento de partir, Clara le dijo a Francisco:

—¿Nos harías un favor? No es gran cosa. Las hermanas han recogido unas semillas de flores el otoño pasado. Son unas flores muy bonitas y crecen muy fácilmente. Aquí tienes un saquito. Cógelas y siémbralas allá arriba en la montaña.

Clara sabía que a Francisco le encantaban las flores. Y pensaba que esto ayudaría a alejar las plantas amargas de su corazón.

—Gracias —dijo Francisco cogiendo el saquito de semillas—. Es un placer. Las sembraré.

Y con León se despidió de Clara y de sus hermanas.

El camino de vuelta le pareció más corto a Francisco. Caminaba a paso vivaz. Algo en su ser se había puesto en movimiento de un modo casi imperceptible. Seguía sufriendo, sin duda. Pero ya no era de la misma manera. Su sufrimiento se había vuelto menos áspero. A menudo, en el camino, le volvían a la memoria las palabras de Clara: «La destrucción del monasterio es realmente un asunto demasiado grande para que me turbe profundamente». Y esto vertía un poco de serenidad en su alma.

Tras una buena marcha, Francisco y León abandonaron la carretera y tomaron el sendero que subía bajo las hayas y los robles y conducía a la ermita. La primavera había hecho su eclosión por todas partes. Los grandes árboles desplegaban su nuevo follaje. Y sobre el verde tierno y dorado de las hojas, los rayos del sol jugaban en medio del canto de los pájaros. De la tierra húmeda y tibia del sotobosque surgía un suave olor a musgo, hojas muertas y violetas en flor. Por todas partes se abrían paso alegremente matas de pequeños ciclámenes rojos. Todo esto, sin duda, vivía y descansaba en el tiempo de Dios, el tiempo de los orígenes. La tierra, con su vida secreta, no se había apartado de aquel tiempo, como tampoco las estrellas del cielo. Los grandes árboles del bosque abrían su follaje al soplo de Dios, todo como en los primeros días de la creación. Con el mismo ligero temblor. Solo el hombre se había salido de ese tiempo de los orígenes. Había querido trazar su propio camino y vivir en su propio tiempo. Y desde entonces no conocía el descanso, solo el aburrimiento, la agitación y la precipitación hacia la muerte.

El sendero que seguían Francisco y León se cruzaba en un determinado punto con otro que usaban los campesinos de la montaña y de las aldeas de los alrededores cuando bajaban o subían con sus carretas. Uno de ellos bajaba justamente en ese momento. Caminaba junto a dos grandes bueyes blancos enganchados a una carreta. Era Paolo, un hombre pequeño, bajo y fornido, de tez rojiza y aspecto bonachón. Vivía en una aldea que los hermanos de la ermita visitaban con bastante frecuencia en sus rondas de cuestación. Era un buen hombre, muy entregado a los hermanos. Pero a veces bebía más de la cuenta. En casa, su mujer estaba ojo avizor y no se le escapaba una. Por eso cuando Paolo tenía la oportunidad de bajar al pueblo, iba muy contento, un poco como si fuera a la fiesta.

—¡Buenos días! —exclamó cuando vio a los dos hermanos.

—Muy buenos, Paolo —respondió León, que lo reconoció enseguida.

—Siempre es un placer para mí encontrarme con los *frati* —dijo el campesino, deteniéndose con sus bueyes.

—Así que bajas al pueblo, ¿no, Paolo? —preguntó León.

—Sí, hace falta —respondió el campesino, encogiéndose de hombros—. Mis bueyes necesitan herraduras. También hay que reparar la carreta. Y además —añadió con aire alegre y cómplice—, yo necesito un vasito de buen vino.

A Francisco le hicieron gracia la declaración sencilla y la bonhomía del personaje, y se echó a reír.

—¡Vamos, Paolo! —dijo—, está bien, al menos eres sincero. Un vasito de buen vino no puede hacerte daño. Pero ten cuidado, sé prudente. No debes multiplicarlos demasiado.

El campesino se reía a carcajadas. Pero de repente, mirando fijamente a Francisco, adoptó un aire serio.

—Vaya, ¿no eres tú el hermano Francisco? —preguntó—. Los hermanos de la ermita que vienen a pedir a casa nos han dicho que el hermano Francisco vivía con ellos allá arriba, en la montaña.

—Soy yo —respondió sencillamente Francisco.

—Bueno —dijo el campesino, en tono casi confidencial y con un golpecito amistoso en el hombro—, ¡trata de ser tan bueno como dicen que eres! Mucha gente ha puesto su confianza en ti; no debes defraudarla.

—Solo Dios es bueno, Paolo —respondió Francisco—. Por lo que a mí respecta, no soy más que un pecador. Escucha esto, querido amigo: si el último de los canallas hubiera recibido tantas gracias como yo, estaría cien codos por encima de mí en santidad.

—¿Y yo? —dijo bromeando el campesino—, ¿puedo llegar a ser santo?

—Pues claro que sí, Paolo. Tú también eres amado por Dios. Igual que yo. Te basta con creer en ese amor para ver que tu corazón cambia.

—¡Ah! nosotros estamos muy lejos de todo eso —respondió el campesino—. Tendrás que venir a vernos. Lo necesitamos mucho. ¡Hala! Hasta pronto, espero.

Y con una mano dio una palmada en la grupa de sus bueyes para ponerlos en marcha, mientras con la otra se despedía de los hermanos.

Francisco y León no tardaron en llegar a la cima de la primera colina, desde la que podían ver surgir la pequeña montaña que se alzaba ante ellos. Esta había recuperado ahora su aspecto verdeante. Se alzaba en medio de una luz purísima bajo un cielo azul intenso. A su alrededor, los pequeños valles cubiertos de olivos parecían senderos verdes, que se iban estrechando entre las laderas secas de las montañas. Aquí y allá, parterres de narcisos amarillos estallaban al sol como manchas de oro. Allí abajo, perfilándose en el horizonte, la cordillera recortaba sus masas redondeadas en el azul, todas ellas empapadas de sol.

—¡Qué belleza! —exclamó Francisco de repente—. Y dentro de unos días, la gloria del Señor resucitado resplandecerá sobre todo esto. ¿No oyes, hermano León, el inmenso murmullo de toda la creación que, en sus profundidades, se prepara para cantar el aleluya de la Pascua?

7
UNA ALONDRA CANTA EN LOS SEMBRADOS

La Semana Santa había comenzado. Toda la cristiandad se aprestaba a celebrar solemnemente el misterio de la muerte y de la resurrección del Señor. Los trabajos cesaban. Se acallaban las disputas. Y el pueblo vacaba libremente a los oficios litúrgicos. Era algo que formaba parte de la vida, como el trabajo y las querellas, pero de un modo aún más profundo. Los hombres necesitaban lavarse en la sangre de Cristo. Había una necesidad casi física de renovación, de rejuvenecimiento y de resurrección. Incluso en los pueblos más remotos, allí donde había un sacerdote, la tierra cristiana bebía con avidez la sangre del Señor y se dejaba impregnar de una nueva pureza y de un nuevo vigor. Entonces la cristiandad reverdecía y conocía una nueva primavera.

En la ermita también se preparaban para celebrar la Pascua. También allí los hombres sentían la necesidad de rehacerse de nuevo. Francisco invitó a sus hermanos a que vinieran el Jueves Santo a celebrar juntos la Cena del

Señor; todos comulgarían en el mismo sacrificio, tras lo cual compartirían una comida fraterna.

Al hacer esta invitación, Francisco pensaba sobre todo en el hermano Rufino. Durante toda la Cuaresma, había permanecido alejado de la comunidad. El hermano León fue a verle para informarle de la invitación de Francisco.

—Dile al hermano Francisco que no iré —respondió Rufino—. Además, ya no quiero seguirle. Quiero quedarme aquí solitario. Así estaré más seguro de salvarme que cumpliendo los caprichos del hermano Francisco. El Señor mismo me lo ha asegurado.

Cuando Francisco oyó esto, se entristeció profundamente. Envió de inmediato al hermano Silvestre a ver a Rufino para convencerle de que viniera. Pero él se obstinó en su rechazo.

Así que la celebración de la santa misa tuvo que comenzar sin él. Esta ausencia, sin embargo, torturaba a Francisco. Antes de la elevación de la Eucaristía, envió un tercer hermano a Rufino.

—Ve a decirle que al menos venga a ver el Cuerpo de Cristo.

Pero Rufino no se inmutó más que el peñasco al que se había retirado.

Después de la comunión, incapaz de contener su tristeza, Francisco se retiró aparte para llorar.

—¿Hasta cuándo, Señor —gemía—, dejarás vagar a esta oveja mía tan simple?

Después, de repente, se levantó y fue personalmente a buscar a Rufino a su retiro. Cuando este vio la figura de Francisco, se estremeció. Pero no hizo ningún movimiento.

—¿Por qué, hermano Rufino, me has causado este gran dolor? Tres veces te he mandado llamar, y cada vez te negaste a venir. ¡En un día como hoy! ¿Por qué? Dime por qué —suplicaba Francisco.

No había ni sombra de reproche en sus palabras. Era la angustia de una madre la que hablaba. Todo su ser se inclinaba en este momento hacia Rufino. Conteniendo la respiración, acechaba con ansiedad la más mínima expresión en el rostro de su hermano. ¿Qué no habría hecho él para ayudar a Rufino a abrirse?

—Ya te he dicho por qué —respondió Rufino en un tono medio hosco, medio avergonzado—. Me parece más seguro seguir la vida de los antiguos eremitas que tus fantasías. Si te escuchara, me distraería continuamente de la vida de oración. Eso es lo que me ocurrió en el pasado, cuando me enviabas a predicar aquí y allá, o a cuidar leprosos. No, no es eso lo que el Señor quiere de mí. Mi gracia particular es la oración en la soledad. Lejos de los hombres, lejos de todo.

—Pero en este día, en que el Señor mismo deseaba tan fervientemente comer la Pascua con sus hermanos, no puedes negarnos el placer de venir a comer con nosotros —le dijo Francisco.

—Te aseguro que no le veo ninguna utilidad. Prefiero estar solo, como me ha mostrado el Señor.

—El Señor está allí donde están tus hermanos —replicó Francisco con dulzura—. Vamos, hermano Rufino, por la caridad que es Dios mismo, te lo suplico, hazme este favor. Todos tus hermanos te esperan. No pueden empezar sin ti.

—Pues bien, sea —dijo Rufino, levantándose bruscamente—. Iré, ya que tanto lo deseas.

Y añadió refunfuñando:

—Pero no renuncio a mi proyecto. Volveré aquí lo antes posible.

Francisco se mostró muy distendido durante la comida. Había colocado a Rufino a su lado y le hablaba amistosamente como si nunca hubiera pasado nada. Como si Rufino hubiera estado realmente allí, no solo de cuerpo, sino de corazón. En ningún momento le vino a la cabeza la idea de sermonearle. Además, Francisco nunca había sabido leerle la cartilla a nadie. Era demasiado consciente de su propia miseria. Y, sobre todo, era demasiado sencillo. Sus palabras, sus actitudes no le venían dictadas desde el exterior. Vivía profunda e intensamente. Y esta plenitud de vida y de bondad se desbordaba hacia el exterior, sin ninguna premeditación, siguiendo su propio ritmo.

Rufino se sintió conmovido por esta acogida. Mucho más de lo que dejaba mostrar. Pero tenía su propia idea. No quería dejarla. Además, ¡acaso no era la idea de Dios! Así que tenía que seguirla hasta el final. Se despidió de los hermanos de una manera bastante brusca, con el rostro sombrío y hermético. Francisco le vio alejarse, sin decir palabra. No le quitaba los ojos de encima, esperando hasta el último momento que lanzara una mirada atrás. Si Rufino se hubiera vuelto en ese momento, habría visto dos brazos que se extendían hacia él. Dos brazos inmensos que no podían desprenderse de él, que le acompañaban y le sostenían incluso en su extravío. Pero Rufino desapareció. Y Francisco se quedó mirando durante un buen rato. Después, sus brazos cayeron cansados por la tristeza. Por un momento se había alegrado de haber podido traer a Rufino en medio de sus hermanos. Ahora se daba cuenta de lo precaria que había sido esa conquista. Su hijo le había dado la espalda. Se le escapaba. ¿Por cuánto tiempo aún?

Francisco fue a sentarse al pie de una roca. En el bosque cantaba un cuco. El aire era tibio y dorado. Pero Francisco no veía el sol. No oía al cuco. Tenía frío. Pensaba en el hermano Rufino y en los otros. En todos los otros. Si uno de los primeros compañeros, como Rufino, podía alejarse de él con tanta facilidad, ¿qué fidelidad podía esperarse de toda esa multitud de hermanos que apenas le conocían? La llaga de su alma, que Clara había vendado, se había reabierto de repente y sangraba. ¡Quince años de esfuerzos, de vigilancia y de exhortaciones, para llegar a esto! Había trabajado en vano. Era un fracaso, un duro fracaso. No lo sentía como un ataque a su honor personal, sino como una ofensa a Dios. Al honor de Dios.

Al día siguiente, Viernes Santo, Francisco quiso pasar ese día en soledad, meditando sobre la Pasión de Jesús. Para ello había elegido un lugar desierto cuya austeridad sintonizaba con el gran tema que llenaba su alma. Deseoso de entrar en los sentimientos del Señor, comenzó a recitar lentamente el salmo que Jesús había recitado en la cruz. Se detenía en cada versículo todo el tiempo que necesitaba para que la Palabra cayera en el fondo de sí mismo. Ante la Palabra, estaba, como siempre, indefenso. Dejaba que viniera a él y cayera sobre él con todo su peso. Pero, al final, era ella la que le levantaba y le llevaba en cada ocasión.

Ahora bien, mientras decía las palabras: «Dios mío, Dios mío, ¿por qué me has abandonado?», se sintió embargado como nunca antes por este sentimiento de extremo abandono expresado por el mismo Señor. De repente, se sintió uno con Cristo. Dolorosamente uno. Nunca antes había comprendido estas palabras como ahora. Ya no le eran extrañas. Llevaba meses buscando el rostro de Dios. Desde hacía meses vivía con la impresión de que Dios se había alejado de él y de su orden. Ahora conocía algo de la agonía del Hijo: esta ausencia del Padre, esta sensación de fracaso y de un desarrollo fatal y absurdo de los acontecimientos en el que el hombre y su voluntad de bien son barridos, aplastados por un juego de fuerzas inexorables.

La Palabra del Salmo penetraba lentamente en Francisco. No le hacía replegarse sobre sí mismo. No le encerraba en su sufrimiento. Al contrario, le abría al de Cristo en lo más profundo de su ser. En ese momento le parecía que no había contemplado nunca ese sufrimiento más que desde el exterior. Participaba en él. Ahora lo veía desde dentro. Lo sentía como una experiencia personal. Hasta la náusea. Esta vez, al menos, estaba plenamente asimilado a Cristo. Hacía tiempo que quería imitar al Señor en todo. Desde su conversión se había esforzado en ello sin descanso. Mas a pesar de todo este esfuerzo, lo estaba viendo bien en ese momento, todavía no sabía exactamente qué era asemejarse al Señor. Ni hasta dónde podía llegar. ¿Cómo hubiera podido saberlo? El hombre solo conoce verdaderamente lo que experimenta. Seguir a Cristo descalzo, vestido con una sola túnica, sin bastón, sin bolsa, sin provisiones, era ya ciertamente algo. Pero no era más que un comienzo, un ponerse en marcha. Había que seguirle hasta el final. Y, como él, dejarse conducir por Dios a través de un abismo de extremo abandono y probar, en medio de una soledad atroz, la áspera muerte del Hijo del hombre.

Esta jornada del Viernes Santo fue agotadora. A Francisco se le hizo muy larga. Pero llegó la tarde, que trajo consigo su paz. Una paz profunda, como la que cae lentamente sobre el sembrado cuando ha terminado el duro trabajo. La tierra se encuentra removida, rota. Ya no ofrece ninguna resistencia. Se extiende abierta y dócil. Y el aire fresco de la tarde penetra y la impregna ya. De regreso a la ermita, Francisco sentía que esta paz le iba envolviendo e invadiendo poco a poco. Todo se había consumado. Cristo había muerto. Se había entregado a su Padre en una renuncia radical. Había aceptado el fracaso. Su vida humana, su honor humano, su misma pena humana, todo eso se había desvanecido de sus ojos y había dejado de contar. Todo lo que quedaba era esta realidad desmesurada: Dios es. Solo eso importaba. Solo eso bastaba: que Dios sea Dios. Todo su ser se había inclinado ante esta única realidad. Había adorado al Único. Había muerto en esta aceptación sin reservas. En esta pobreza extrema y en esta acogida suprema. Y la gloria de Dios le había embargado.

Allá, por encima de las montañas, el sol bajaba lentamente. Sus rayos impactaban en el bosque por donde caminaba Francisco. El bosque estaba atravesado por grandes rayas deslumbrantes. Los árboles bañaban en un vapor de luz. Reinaba una gran calma. Ni una brisa. La hora hacía gala de una serena majestad.

—Dios es, eso basta —susurró Francisco.

Miró al cielo en un claro. Estaba despejado. Planeaba un milano rojo. Su vuelo tranquilo y solitario parecía decir a la tierra: «Solo Dios es Todopoderoso. Él es el Eterno. Basta con que Dios sea Dios». Francisco sintió que su alma se volvía ligera. Poderosa y ligera a la vez, como un ala.

—Dios es, eso basta —repitió.

Estas palabras tan sencillas le llenaban de una extraña claridad. Tenían para él una resonancia infinita. Francisco aguzó el oído. Una voz le llamaba. No era una voz humana. Tenía un acento de misericordia. Le hablaba al corazón:

—¡Pobre hombrecito! —decía la voz—, aprende, pues, que soy Dios y deja de turbarte para siempre. ¿Acaso porque te he nombrado pastor de mi rebaño has de olvidar que yo soy el pastor principal? Te he elegido a propósito a ti, un hombre sencillo, para que sea manifiesto a los ojos de todos que lo que hago en ti no depende de tu habilidad, sino de mi gracia. Soy yo quien te ha llamado. Soy yo quien guarda el rebaño y lo apacienta. Yo soy el Señor y el Pastor. Es asunto mío. Así que no te turbes.

—¡Dios! ¡Dios! —dijo Francisco en voz baja—. Tú eres protección. Tú eres guardián y defensor. Grande y admirable Señor. Tú eres nuestra suficiencia. Amén. ¡Aleluya!

Su alma estaba empapada de paz y de alegría. Y Francisco caminaba con un paso feliz. Más bien danzaba que caminaba.

Llegó a un sitio desde el que la mirada podía llegar muy lejos en el campo. Se dominaban las colinas circundantes y, más allá de ellas estaba la llanura que se desvanecía en el horizonte. Francisco se detuvo un momento para contemplar el paisaje. Por una de las colinas regresaba un rebaño de vacas. La cosa parecía de poca monta, unos animales y un hombre que caminaba detrás de ellos. Debía haber algunos perros dando vueltas alrededor. Pero era difícil distinguirlos. Solo cuando uno de los animales se alejaba demasiado del grupo, era devuelto a él con bastante rapidez como por una fuerza invisible. El hombre debía estar gritando y sus perros ladrando; a esa distancia y esa altura, no se les oía. La escena era muda. Parecía moldeada, fundida con la vida silenciosa de la naturaleza. En este conjunto, el ajetreo del hombre encontraba sus justas proporciones. Y era algo muy pequeño. Casi insignificante.

—Solo tú eres grande —dijo Francisco.

Y reanudó su marcha. El día iba de caída. La niebla cubriría los barrancos y las estrellas se encenderían en el cielo. Había sido así, pensaba Francisco, desde el principio. Desde que hubo una noche. Era la imagen de la permanencia de Dios.

Se acercaba a la ermita. León venía a su encuentro.

—Pareces alegre esta noche —le dijo León.

—Hay en mí un gran cielo despejado esta noche —respondió Francisco—. Y una alondra invisible canta locamente la victoria del Señor.

Una hora más tarde, Francisco estaba arrodillado en el pequeño oratorio de la ermita. Sintió que alguien le tiraba de la manga. Levantó la vista. El rostro de Rufino se inclinaba sobre él.

—¡Oh! ¡Hermano Rufino! —exclamó Francisco.

—Buenas noches, padre —dijo Rufino con una amplia sonrisa—. Tengo que hablar contigo. Pero no enseguida. Dentro de unos días, si te parece bien.

—Cuando quieras —le respondió Francisco—. Sabes que siempre estoy aquí. Pero, hermano Rufino, ¡se diría que has vuelto a encontrar la alegría!

—Sí, padre, quería decírtelo esta noche, sin esperar más. El resto te lo contaré más tarde.

—¡Alabado sea Dios! —exclamó Francisco, levantándose de un salto.

Y le dio un beso.

8
SI SUPIÉRAMOS ADORAR

Se celebró la Pascua con alegría en la ermita. El hermano Rufino había vuelto a encontrar el camino de la comunidad. Se le veía tan cabalmente realizado como siempre. Buscaba todas las ocasiones de servir. Por las mañanas era el primero en ir a la fuente a sacar agua para el día. Ayudaba en la cocina y en otros diferentes trabajos. Incluso se ofrecía a ir a la cuestación, algo verdaderamente extraordinario en él. Parecía un hombre transformado. La atmósfera de la pequeña comunidad se encontraba felizmente dilatada.

El miércoles de Pascua, el hermano Rufino se llevó aparte a Francisco y empezó a hablarle a corazón abierto.

—Vengo a verte, padre, tal como te había anunciado. Estoy saliendo de un período muy malo. Ya estoy mucho mejor. Pero ahora me doy cuenta de que casi perdí por completo el sentido de mi vocación.

—Cuéntame, pues, lo que te pasó —le dijo Francisco.

Rufino se calló un momento. Suspiró como alguien que tiene demasiado que decir y no sabe por dónde empezar.

Los dos hermanos caminaban tranquilamente bajo los pinos, no lejos de la ermita. Avanzaban sin hacer ruido sobre una espesa alfombra de agujas de pino secas. Hacía un buen día. Y el olor a resina flotaba en el aire.

—Sentémonos ahí —dijo Francisco. Será más fácil para conversar.

Se sentaron en el suelo. Entonces Rufino empezó a contar.

—Cuando vine a pedirte que me admitieras entre tus hermanos, hace ya una docena de años, me impulsaba el deseo de vivir según el santo Evangelio, tal como te veía practicarlo. Yo era entonces muy sincero. Quería verdaderamente seguir el Evangelio. Mis primeros años en la fraternidad transcurrieron sin demasiadas dificultades. Me aplicaba con celo a hacer todo lo que me parecía requerir esta nueva vida.

Pero en el fondo de mí mismo me guiaba, sin saberlo, una mentalidad que no era evangélica. Tú sabes en qué medio crecí. Procedía de una familia noble. Por mi sensibilidad, por mi educación y por todas las fibras vivas de mi ser, estaba ligado a ese medio noble. Sentía y juzgaba según ese medio, según los valores que allí se suelen honrar. Al venir a ti y adoptar tu modo de vida, extremadamente humilde y pobre, creía que había renunciado para siempre a esos valores, creía realmente que me había perdido por el Señor.

Era verdad. Pero solo en la superficie. Había cambiado de modo de vida y de ocupaciones. Y para mí el cambio era grande. Pero, en lo más profundo de mí mismo, sin darme cuenta, conservaba una gran parte de mi alma, la más importante. Conservaba mi vieja mentalidad, la de mi medio. Seguía juzgando a las personas y las cosas según lo que había visto hacer en mi casa, en mi familia. En el castillo de mi padre, recibir a la gente en la puerta, trabajar en las cocinas y en otros menesteres era tarea de criados y ayudantes de cámara. Convertido en hermano menor, seguía estimando que hacer de portero o de cocinero, así como salir a la cuestación o cuidar leprosos, era rebajarme a una condición inferior. A pesar de ello, aceptaba de buen grado estos oficios. Precisamente para humillarme. Incluso convertí el rebajarme en una cuestión de honor. Pensaba que en eso consistía la humildad evangélica. Con ese espíritu había entrado en la orden.

Pasaron los años. Como no tenía aptitudes para la predicación, a menudo me veía reducido a cumplir esas tareas que juzgaba inferiores y viles. Puesto que era mi deber, me obligaba a ello. Me humillaba por deber. Y verdaderamente me sentía humillado.

Pasó lo que tenía que pasar. De un modo absolutamente natural llegué a pensar que los demás hermanos, los que iban a predicar, me tomaban por su criado. Este sentimiento no hizo más que aumentar cuando hermanos más jóvenes que yo y de procedencia muy modesta entraron en la orden e iban ellos mismos a predicar, dejándome a mí a cargo del mantenimiento material de la comunidad. Si uno de ellos me hacía una observación o simplemente expresaba un deseo, me sentía turbado e irritado. No decía nada, pero hervía por dentro. Después, me calmaba y me recuperaba. Me humillaba un poco más. Siempre por deber.

Así pues, lo hacía todo por deber. Creía que la vida religiosa era eso. Pero no era más que un hábito mal cortado en el que me esforzaba en entrar, sin poder quedarme dentro. En cuanto podía, me liberaba de él. Mi vida, mi verdadera vida, estaba en otra parte. Estaba allí donde me encontraba a mí mismo. En efecto, no tenía cada día más que un afán, y era acabar con esos viles trabajos para refugiarme en la soledad. Allí me sentía de nuevo dueño de mí mismo y revivía. Después el deber volvía a apoderarse de mí. Me obligaba una vez más a ser el criado de mis hermanos.

Pero este régimen desgasta. Es una locura asombrosa lo tenso que puedes llegar a ponerte. Todo lo que hacía por deber, lo hacía sin corazón, como un convicto que arrastra su bola. Perdía el apetito y el sueño. Empezaba el día cansado. Y entonces empecé a coger ojeriza a todos los hermanos. Veía en cada uno de ellos a un amo del que yo era esclavo. Me sentía ignorado. Y eso me sublevaba. Ya no podía soportar a nadie. Acabé sublevándome por dentro contra todo el mundo. Entonces, en mi ingenuidad, creí sinceramente que el Señor me quería solo para él en una completa soledad. Por este tiempo te pedí permiso para retirarme a esta ermita. Después, aquí mismo, tuve la terrible crisis que ya conoces. Hasta ahí había llegado.

—Nada de lo que me cuentas me sorprende —le dijo entonces Francisco en voz baja—. ¿Recuerdas el día que te mandé a predicar, a pesar tuyo? Quería hacerte salir de ti mismo, del aislamiento en el que yo sentía que te encerrabas.

—Sí, padre, lo recuerdo. Pero entonces no podía comprender. Es curioso cómo todo se me ha aclarado ahora —respondió Rufino.

—El Señor se ha apiadado de ti —dijo Francisco—. Así tiene piedad de cada uno de nosotros. A su tiempo. Cuando menos lo esperamos. Es entonces cuando experimentamos su misericordia. De este modo se nos da a conocer. Como la lluvia tardía que asienta el polvo del camino.

—Es muy verdad —observó Rufino. Tengo la impresión de que empiezo una nueva existencia.

—Pero, ¿cómo te ha abierto los ojos el Señor? —preguntó Francisco.

—El Jueves Santo, mientras desayunábamos todos juntos —respondió Rufino—, uno de los hermanos recordó incidentalmente una de tus reflexiones: «Si una madre alimenta y quiere a su hijo según la carne, ¿con cuánta mayor razón debemos alimentar y querer nosotros a nuestros hermanos según el espíritu?». A menudo te había oído decirnos esto, pero sin prestar atención. Y, a decir verdad, sin comprender. Esta vez, esas mismas palabras adquirieron sentido para mí. Me impactaron. Y, de vuelta en mi celda, medité sobre ellas durante mucho tiempo.

En una familia en la que no hay criados, me decía yo, en la que las cosas suceden con naturalidad, es la madre la que cocina, sirve a la mesa, cuida de la casa y es molestada en todo momento. Y a ella le parece normal. No se siente agraviada por ello. No tiene la impresión de haber sido rebajada a un rango inferior. No se ve a sí misma como una sirvienta. Ama a sus hijos y a su marido. De ahí su entusiasmo y su energía al servirles. A veces se siente cansada, muy cansada incluso, pero no se subleva. Y yo pensé en una familia de condición modesta que había tenido ocasión de conocer muy de cerca, y en la que la madre, a pesar de todas las dificultades de su tarea, irradiaba paz y felicidad en medio de sus fatigas.

Entonces vi claramente que iba por mal camino. Y que me guiaba una mentalidad que no era evangélica. De ahí mi resentimiento. Yo creía que había dejado el mundo porque había cambiado de ocupaciones. Me había olvidado de cambiar de alma. Este momento supuso para mí una inversión total de perspectiva. No esperé más para aprovechar la luz que se me había dado. Corrí inmediatamente a ponerme al servicio de mis hermanos. Y desde entonces, la luz no ha hecho más que crecer en mí. Y también la paz. Ahora me siento libre y ligero, como un pájaro que ha escapado de su jaula.

—Puedes dar gracias al Señor —le dijo Francisco—. Lo que acabas de vivir es una verdadera experiencia. Ahora sabes lo que es ser un hermano menor, un hombre pobre según el Evangelio: un hombre que ha renunciado libremente a ejercer todo poder y toda clase de dominio sobre los demás, pero que, no obstante, no se deja llevar por un alma de esclavo, sino por el espíritu más noble que existe, el del Señor. Este camino es difícil. Pocos lo encuentran. Es una gracia, una gracia muy grande que el Señor te ha concedido.

Como ves, no solo los amos de este mundo se dejan llevar por la voluntad de poder y de dominio. Los siervos también se dejan llevar cuando no aceptan libremente su condición de siervos. Esta condición se convierte entonces en un pesado yugo que aplasta al hombre y le hace sudar a causa del resentimiento. Este yugo no es ciertamente el del Señor.

Ser pobre según el Evangelio no es únicamente obligarse a hacer lo que hace el último, el esclavo, sino hacerlo con el alma y el espíritu del Señor. Eso lo cambia todo. Allí donde está el espíritu del Señor, el corazón no se siente amargado. No hay lugar para el resentimiento. Cuando yo estaba todavía en el mundo, consideraba como la última de las cosas ir a cuidar a los leprosos. Pero el Señor tuvo piedad de mí. Él mismo me llevó entre ellos y ejercí la misericordia con ellos. Cuando volví, lo que me había parecido tan amargo se había convertido en dulzura para mi alma y para mi cuerpo. El espíritu del Señor no es un espíritu de amargura, sino de dulzura y alegría.

—Esta experiencia que acabo de vivir me ha enseñado —dijo Rufino—, lo fácil que es engañarnos a nosotros mismos con falsas ilusiones. Y cómo podemos tomar, sin avergonzarnos, por una inspiración del Señor lo que no es más que un impulso de nuestra naturaleza.

—Sí, la ilusión es muy fácil —dijo Francisco—. Y por eso es tan frecuente. Hay, sin embargo, un signo que nos permite detectarla con seguridad.

—¿Cuál? —preguntó Rufino.

—Es la turbación del alma —respondió Francisco—. Cuando el agua se enturbia, está claro que no es pura. Lo mismo ocurre con el hombre. Un hombre que se ve invadido por la turbación deja ver que la fuente de inspiración de sus actos no es pura, que está mezclada. Este hombre está impulsado profundamente por algo que no es el espíritu del Señor. Mientras un hombre tenga todo lo que desea, no podrá saber si es realmente el espíritu de Dios el que le guía. Es muy fácil elevar los propios vicios al nivel de virtudes, y buscarse a sí mismo so capa de objetivos nobles y desinteresados. Y lo hace con la mayor inconsciencia. Pero llega una ocasión en que el hombre que se miente a sí mismo de este modo se ve contradicho o contrariado y entonces se le cae la máscara. Se turba y se irrita. Detrás del hombre «espiritual», que solo era un personaje prestado, aparece el hombre «carnal»: el hombre vivo, con todas las uñas fuera, que se defiende. Esta turbación y esta agresividad revelan que el hombre es conducido por profundidades distintas a las del espíritu del Señor.

Sonó la campana de la ermita. Era la hora del oficio. Francisco y Rufino se levantaron y se dirigieron al oratorio. Iban tranquilamente, como hombres libres.

De repente, Francisco cogió a Rufino del brazo y le detuvo.

—Escucha, hermano, tengo que decirte algo.

Se calló un momento, con la mirada dirigida hacia el suelo. Parecía vacilar. A continuación, mirando a Rufino directamente a la cara, le dijo con gravedad:

—Con la ayuda del Señor, has superado tu voluntad de dominio y de prestigio. Pero tendrás que superarla no solo una vez, sino diez, veinte, cien veces.

—Me estás asustando, padre —dijo Rufino—. No me siento hecho para sostener semejante lucha.

—No lo conseguirás luchando, sino adorando —replicó Francisco—. El hombre que adora a Dios reconoce que no hay más Todopoderoso que él. Lo reconoce y lo acepta.

Profunda y cordialmente. Se alegra de que Dios sea Dios. Dios es, eso le basta. Y eso le libera. ¿Comprendes?

—Sí, padre, comprendo —respondió Rufino.

Habían reanudado la marcha mientras hablaban. Estaban a pocos pasos del oratorio.

—Si supiéramos adorar —dijo entonces Francisco—, nada podría turbarnos de verdad. Atravesaríamos el mundo con la tranquilidad de los grandes ríos.

9
NO HAY QUE DESPRECIAR NADA

A ninguno de los hermanos se le escapaba en la ermita que Francisco había recobrado la paz. Sin embargo, todos ellos eran muy conscientes de que esta paz no había eliminado el sufrimiento del corazón de su padre: solo lo había transfigurado. Francisco ya no daba la impresión de ser un hombre aplastado. Su rostro se había vuelto de nuevo maravillosamente abierto e iluminado. A menudo, durante el día, se le oía cantar. Y eso complacía a los hermanos. Mas para ellos seguía siendo el hombre que había vuelto de los abismos. Había avanzado hacia Dios tan lejos como un hombre puede ir sin morir. Había luchado con el Ángel completamente solo en la noche. Y había triunfado. Ahora les había sido devuelto. Pero llevaba la misteriosa marca de aquella lucha desigual. La luz que ahora irradiaba de su mirada había desterrado todo rastro de sombra de su rostro, pero a pesar de todo no conseguía borrar esta expresión de gravedad en la que se leía la profundidad de un alma que Dios mismo había vaciado para habitar en ella más cómodamente.

Francisco había reanudado sus meditaciones solitarias. La viva luz primaveral se atenuaba y se volvía extremadamente suave en los pequeños senderos bajo los pinos. Le gustaba ir allí a recogerse y orar. No decía nada o casi nada. Su oración no estaba hecha en absoluto de fórmulas. Sobre todo escuchaba. Se contentaba con estar allí y prestar atención. Se hubiera dicho que estaba al acecho, como un cazador. Pasaba así largas horas de espera, atento al menor movimiento de los seres y de las cosas que le rodeaban, dispuesto a descubrir el signo de una presencia. El canto de un pájaro, el crujido de las hojas, las acrobacias de una ardilla e incluso el lento y silencioso empuje de la vida, ¿no hablaban todos ellos un lenguaje misterioso y divino? Había que saber escuchar y comprender, sin rechazar nada, sin turbar nada, humildemente y con el mayor respeto, haciendo silencio dentro de uno mismo. El viento soplaba suavemente entre los pinos. Tarareaba una hermosa canción. Y Francisco escuchaba la voz del viento que le hablaba. El viento se había convertido en su gran amigo. ¿No era él también peregrino y extranjero en este mundo, sin techo, siempre errante y esfumándose? Pobre entre los pobres, llevaba en su indigencia las ricas semillas de la creación. No guardaba nada para sí. Sembraba y pasaba. Sin preocuparse de dónde podría caer, sin saber nada de los frutos de su trabajo. Se contentaba con sembrar, y lo hacía pródigamente. No estaba atado a nada, era libre como el inmenso espacio. Soplaba donde quería, a imagen del Espíritu del Señor, como se dice en la Escritura. Y mientras Francisco escuchaba el canto del viento, sentía crecer en él el deseo de participar del Espíritu del Señor y de su santa actividad. Y este deseo, a medida que le invadía, le llenaba de una inmensa paz. Todas las aspiraciones de su alma se apaciguaban al pasar a este supremo deseo.

Una noche, al volver de la cuestación, el hermano Silvestre contó a Francisco que, en una granja por la que había pasado, se había detenido algún tiempo consolando a una pobre mamá cuyo bebé estaba gravemente enfermo. El niño ya no retenía ningún alimento; vomitaba casi todo lo que comía y adelgazaba de forma inquietante. La madre veía a su pequeño consumirse día tras día sin poder hacer nada por salvarlo. Era desgarrador para ella. Ya había perdido un hijo dos años antes en circunstancias parecidas. Estaba desanimada y lloraba. Daba pena verla.

—Iré a ver a esa pobre mujer —se limitó a decir Francisco.

Y a la mañana siguiente, partió solo a través de los bosques y los campos. La pequeña granja formaba parte de una aldea. Era fácilmente reconocible. «Un tejado bajo con aleros de paja, el más pobre y el más miserable», le había dicho el hermano Silvestre.

Un perro famélico recibió a Francisco en el pequeño y soleado patio; se acercó ladrando y no paró hasta pegar su húmedo hocico a su mano. La puerta de la casucha estaba abierta. Francisco cruzó el umbral con su saludo habitual, el que el Señor le había enseñado: «Paz a esta casa». Una silueta de mujer surgió de la oscuridad de la pieza y se acercó a la entrada. En cuanto pudo distinguir los rasgos de su rostro, Francisco reconoció sin dificultad a la madre del niño enfermo. Su aspecto, todavía joven, pero tan desolado y tan cansado, no dejaba lugar a dudas.

—Me enteré —dijo Francisco— por el hermano Silvestre de que tienes un niño enfermo y he venido a verle.

—Tú eres, sin duda, el hermano Francisco —dijo la mujer, cuyo rostro se había relajado de repente—. El hermano Silvestre me ha hablado de ti. Bienvenido, hermano. Pasa, por favor.

Y, sin más miramiento, le condujo al otro extremo de la pieza, junto a la cuna de su hijo. El pequeñín tenía los ojos abiertos, pero su rostro color de cera no mostraba ninguna expresión de vida. Francisco se inclinó hacia él, maternalmente, e intentó hacerle sonreír con su mímica. Pero el niño no sonrió. Sus grandes ojos estaban ajados.

—¿Me lo va a quitar también el Buen Dios? —preguntó la mujer con dolor—. Sería el segundo en dos años. ¡Oh, no, no es posible, hermano!

Francisco callaba. El dolor de esta madre no le era ajeno. Lo comprendía mejor que nadie, porque él mismo llevaba meses sintiendo un dolor idéntico. Él también sabía lo que era perder hijos y verlos marchitarse día tras día. La pena de esta mujer le conmovía y le estremecía profundamente.

—¡Pobre mamá! —dijo tras unos instantes de silencio—. Sobre todo no hay que perder la confianza. Se puede perder todo, menos la confianza.

No lo decía de labios para afuera, sin creerlo demasiado, simplemente porque tenía que decir algo. Acababa de expresar lo más profundo de su ser. Y la mujer lo oyó bien. Sin duda le habían dicho palabras parecidas antes, pero no de esta manera. Nunca se había sentido tan impresionada como esta vez. Aquí, las palabras brotaban de una profundidad diferente. Había que haber sufrido mucho y, tal vez, haberlo perdido todo, para hablar con este acento de sinceridad y también con tanta gravedad. Era menester haber pasado más allá de la desesperación y haber encontrado tierra firme, la realidad profunda que no engaña.

Cerca de la cuna había una ventana que daba al pequeño jardín situado detrás de la casa. Sentado a la sombra de un manzano en plena floración, se veía al abuelo sosteniendo en sus rodillas a un niño al que contaba un cuento. A su lado, sobre la hierba, una niñita jugaba con un joven gato negro.

—¿Son tus dos mayores con su abuelo? —preguntó Francisco, mirando por la ventana.

—Sí, son mis dos mayores —respondió la madre.

—Tienen un aspecto saludable —observó Francisco.

—Sí —dijo ella con un leve mohín—, tienen bastante buena salud. No puedo quejarme demasiado, gracias a Dios.

—Sí, gracias a Dios —continuó Francisco—. Tienes razón en dar gracias al Señor.

—Es verdad —observó la mujer—. Pero aunque tuviera diez más como estos, sanos y vivos, nunca reemplazarían juntos al que ya he perdido. Un hijo no puede sustituirse. Siempre es un ser único. Y cuando uno de ellos llega a desaparecer, todos los demás reunidos, por muchos que sean, no consiguen llenar el vacío. Y cuanto más ha sufrido una madre por un hijo, más unida se siente a él.

Hubo un momento de silencio. Un ratón trotaba a pequeños pasos en la paja del tejado. Fuera, en el pequeño jardín, el abuelo continuaba su cuento. Sin duda había llegado al momento más patético de su relato. Su voz se hacía más grave, más misteriosa. Y su rostro adoptaba una expresión dramática. La niñita había abandonado de repente al gato; se había acercado al abuelo y le suplicaba con una voz cariñosa.

—Empieza otra vez, abuelo, empieza otra vez, que no he oído el principio.

—Deja al abuelo que siga contando —replicó su hermano, apartándola con el brazo.

Y el abuelo, aparentando no oír nada, continuaba su cuento con la mayor calma.

En la cuna, el pequeño había cerrado los párpados. Francisco levantó la mano y lo bendijo. Luego se retiró despacio.

—Dejémosle dormir —dijo a la madre—. Volveré pronto a verle.

—Mi marido está ahora en el campo —dijo la mujer—. No volverá hasta la noche. Pero puedes saludar al abuelo antes de irte.

—No, por favor, déjale —dijo Francisco—. No hay que molestarle ahora. Estropearía la alegría de los niños. Necesitan que su abuelo les cuente cuentos. Una infancia sin cuentos es una mañana sin sol; también es una planta joven sin raíces. Aún recuerdo las historias que nos contaba nuestra madre cuando éramos niños. Nuestra madre era de la Provenza; conocía muchas leyendas de las tierras de Francia. En las largas veladas de invierno, antes de acostarnos, nos acurrucábamos a su lado y, con un placer que a veces se mezclaba con el miedo, la escuchábamos contar las maravillosas historias del bosque de Brocelianda, donde vivían el mago Merlín y el hada Viviana. Otras veces, nos hablaba del emperador Carlos con su barba florida, y también de sus intrépidos caballeros Roldán y Olivier. E imaginábamos el bello y suave país por el que cabalgaba el emperador Carlos, escoltado por sus paladines. Todos estos recuerdos se han quedado conmigo. Siento que forman parte de mí. Y a veces los oigo cantar por dentro. Dios también habla a través de estas humildes voces de la tierra. No hay que despreciarlas; no hay que despreciar nada. Ni siquiera a las hadas. Son hijas de Dios.

La mujer escuchaba con la mirada fija en el rostro, a la vez grave y dulce, que le hablaba. Sobre todo había una cosa que le sorprendía, y era la inmensa bondad que se transparentaba en las palabras de Francisco y que irradiaba de todo su ser y se extendía a todas las cosas. Mientras le miraba y le escuchaba, el mundo adquiría para ella otro sentido y otra densidad; se volvía vasto y profundo; parecía lleno de una armonía oculta. Nada estaba de más, todo encajaba y estaba enraizado en una misma bondad original. Se podía confiar. Dios estaba presente en todas partes. Incluso en los cuentos y en las historias maravillosas de hadas.

—Tendrás que volver a vernos una de estas noches —dijo la mujer.

—No habrá que esperar mucho —respondió Francisco—. Hasta la vista.

Se marchó por los bosques y los campos. En su corazón llevaba ahora el dolor de esta madre. Ya de vuelta en la ermita, estuvo mucho tiempo orando mientras caía la noche. Era su costumbre. Pero aquella noche su pensamiento se dirigía a aquella pobre gente que había visitado. Pedía al Señor, no que les quitara su pobreza, sino que les diera la alegría junto con ella. Porque donde hay pobreza con alegría, no hay codicia ni avaricia. Volvía a ver a aquella pobre mujer tan cansada, tan desanimada, que esperaba claramente que él la ayudara. Y pensaba también en todas las demás madres que pasaban por duras pruebas. El sufrimiento de este mundo le pareció inmenso y sin fondo, como la noche.

10
NO SE PUEDE IMPEDIR QUE IRRADIE EL SOL

«No habrá que esperar mucho», había dicho Francisco a la mujer. Solo unos pocos días después, salió al anochecer con el hermano León para ir a ver al niño enfermo. Se le había ocurrido llevar consigo el saquito de semillas de flores que la hermana Clara le había dado en su visita a San Damián.

«Voy a sembrarlas bajo la ventana de los niños», se decía; pondrán un poco de alegría en sus ojos. Cuando las vean florecer, les gustará aún más su pequeña casucha. ¡Y son tan diferentes las cosas cuando alguien ha visto flores en su propia infancia!

Francisco se dejaba llevar por estos pensamientos mientras caminaba detrás de León por el bosque. Ambos estaban acostumbrados a estas caminatas silenciosas por la naturaleza. Bajaron rápidamente por las pendientes de un barranco, en cuyo fondo rugía un torrente. El lugar estaba retirado y era de una belleza salvaje y pura. El agua saltaba sobre las rocas, toda blanca y exultante, con breves destellos de azul. La frescura del aire penetraba en los sotobosques circundantes. Unos cuantos enebros habían crecido aquí y allá entre las rocas y sobresalían sobre el burbujeo del agua.

—¡Nuestra hermana el agua! —exclamó Francisco acercándose al torrente—. Tu pureza canta a la inocencia de Dios.

Saltando de roca en roca, León no tardó en cruzar el torrente. Francisco le siguió. Le costó más tiempo. León, que le esperaba de pie en la otra orilla, contemplaba cómo el agua clara corría veloz sobre la arena dorada entre las masas grises de las rocas. Cuando Francisco la alcanzó, permaneció en actitud contemplativa. Parecía no poder separarse de este espectáculo. Francisco le miró y vio tristeza en su rostro.

—Tienes un aspecto pensativo —se limitó a decir Francisco.

—¡Ah! si pudiéramos tener un poco de esa pureza —respondió León—, ¡también nosotros conoceríamos la alegría loca y desbordante de nuestra hermana el agua y su irresistible ímpetu!

Había una profunda nostalgia en estas palabras. Y la mirada de León se fijaba melancólicamente en el torrente, que no cesaba de huir en su inaprensible pureza.

—¡Ven! —le dijo Francisco, tirando de él por el brazo.

Y ambos reanudaron la marcha. Tras un momento de silencio, Francisco preguntó a León:

—¿Sabes, hermano, lo que es la pureza de corazón?

—Es no tener ninguna falta que reprocharse —respondió León sin vacilar.

—Entonces comprendo tu tristeza —dijo Francisco—. Porque siempre tendremos algo que reprocharnos.

—Sí —dijo León—, y eso es precisamente lo que me hace desesperar de alcanzar algún día la pureza de corazón.

—¡Ah! hermano León, créeme —prosiguió Francisco—, no te preocupes tanto por la pureza de tu alma. Vuelve tus ojos a Dios. Admírale. Alégrate de lo que él es, todo santidad. Dale gracias por ser él mismo. Eso es, hermanito, tener un corazón puro.

Y cuando te hayas vuelto hacia Dios de esta manera, no te mires a ti mismo. No te preguntes dónde estás con respecto a Dios. La tristeza de no ser perfecto y verte pecador sigue siendo aún un sentimiento humano, demasiado humano. Hay que elevar la mirada más arriba, mucho más arriba. Ahí está Dios, la inmensidad de Dios y su esplendor inalterable. El corazón puro es aquel que no cesa de adorar al Señor vivo y verdadero. Se interesa profundamente por la vida misma de Dios y, en medio de todas sus miserias, es capaz de vibrar ante la eterna inocencia y la eterna alegría de Dios. Un corazón así está despojado y colmado. Le basta con que Dios sea Dios. En eso mismo encuentra toda su paz, todo su placer. Y Dios mismo es entonces toda su santidad.

—Sin embargo, Dios reclama nuestro esfuerzo y nuestra fidelidad —observó León.

—Sí, sin duda —respondió Francisco—. Pero la santidad no es una realización cabal de uno mismo, ni una plenitud que nos damos a nosotros mismos. Es ante todo un vacío que se acepta y que Dios viene a llenar en la medida en que nos abrimos a su plenitud.

Nuestra nada, como ves, si la aceptamos, se convierte en un espacio libre donde Dios puede seguir creando. El Señor no permite que nadie le arrebate su gloria. Él es el Señor, el Único, el único Santo. Pero toma al pobre de la mano, lo levanta del fango y lo sienta entre los príncipes de su pueblo a fin de que vea su gloria. Dios se convierte entonces en el azul de su alma.

Contemplar la gloria de Dios, hermano León, descubrir que Dios es Dios, eternamente Dios, más allá de lo que somos o podemos ser, alegrarse plenamente de lo que él es, extasiarse ante su eterna juventud, y darle gracias por lo que él mismo es, por su misericordia indefectible, esta es la exigencia más profunda del amor que el espíritu del Señor no cesa de derramar en nuestros corazones. Esto es tener un corazón puro.

Pero esta pureza no se consigue a pulso y tensionándose.

—¿Cómo entonces? —preguntó León.

—Simplemente no guardando nada de ti mismo. Barrerlo todo. Incluso esta aguda percepción de nuestra angustia. Despejar todo. Aceptar que eres pobre. Renunciar a todo lo que pesa, incluso al peso de nuestras faltas. No ver más que la gloria del Señor y dejarse irradiar por ella. Dios es, eso basta. Entonces el corazón se vuelve ligero. Ya no se siente a sí mismo, como la alondra embriagada por el espacio y el azul. Ha abandonado toda preocupación, toda inquietud. Su deseo de perfección se ha transformado en una simple y pura voluntad de Dios.

León escuchaba con gravedad, caminando delante de su padre. Pero a medida que avanzaba, sentía que su corazón se aligeraba y que le invadía una gran paz.

Pronto llegaron a la vista de la pequeña granja. En cuanto entraron en el patio, fueron recibidos por la mujer. De pie en el umbral de su casa, parecía estar esperándoles. En cuanto los vio, se acercó a ellos. Su rostro estaba radiante.

—¡Ah! hermano —dijo dirigiéndose a Francisco con una voz conmovida—, estaba segura de que vendría esta noche. Me esperaba su visita. ¡Si supiera lo feliz que me siento! Mi pequeño está mucho mejor. Ha podido tomar algo de alimento en los últimos días. No sé cómo agradecérselo.

—Alabado sea Dios —exclamó Francisco—. Es a él a quien tenemos que darle gracias.

Y, seguido de León, entró en la casucha; se acercó a la camita y se inclinó sobre el niño. Consiguió una hermosa y amplia sonrisa. La madre estaba encantada. Era visible que el niño había recobrado vida.

En estas, entró el abuelo en la casa con los mayores correteando en torno a sus piernas. Era un hombre todavía bastante esbelto, de rostro tranquilo y una apacible claridad en los ojos.

—Buenas noches, hermanos —dijo—. Qué amables son por haber venido a vernos. Estábamos muy inquietos por el niño. Pero ahora todo parece haberse arreglado.

—Estoy muy contento y doy gracias a Dios por ello —dijo Francisco.

—Ah, siempre habría que darle gracias —prosiguió el anciano con calma y gravedad—. Incluso cuando las cosas no salen como querríamos. Pero es difícil. Siempre nos falta esperanza. Cuando yo era joven, a veces pedía cuentas a Dios cuando las cosas no salían como yo deseaba. Y si Dios hacía oídos sordos, me turbaba, incluso me irritaba. Ahora ya no le pido cuentas a Dios. He comprendido que esa actitud era infantil y ridícula. Dios es como el sol. Lo veamos o no, aparezca o se esconda, irradia. ¡Probad a impedir que el sol irradie! Pues tampoco podemos impedir que Dios desprenda misericordia.

—Eso es muy verdad —dijo Francisco—. Dios es el bien; y solo puede querer el bien. Pero, a diferencia del sol, que brilla sin nosotros y por encima de nuestras cabezas, ha querido que su bondad pase por el corazón de los hombres. Esto es algo maravilloso, y también temible. Que los hombres experimenten o no la misericordia de Dios depende de cada uno de nosotros. Por eso la bondad es algo tan grande.

Los dos niños que se apoyaban en las piernas de su abuelo elevaban hacia Francisco y León unos ojos muy abiertos en los que se leía a la vez asombro y cierta expectativa. Estaban escuchando. O más bien, miraban. Era su forma de escuchar. Les impresionaba mucho el rostro de Francisco y su forma de hablar. Desprendía tal vida y tal dulzura que estaban como encantados.

—¡Venga! alegrémonos todos —exclamó de pronto Francisco—. El hermanito está mejor, debemos alegrarnos.

Y, dirigiéndose al mayor, que no podía apartar los ojos de él, le dijo:

—¡Ven! hombrecito, te voy a enseñar una cosa.

Lo cogió de la mano y lo llevó al patio de la entrada. Todos le siguieron. Y la más pequeña no fue la última en salir para ver lo que iba a pasar.

—He traído unas semillas de flores —dijo Francisco mostrándole el saquito al niño—. Son unas flores muy bonitas. Pero, ¿dónde vamos a sembrarlas?

Francisco echó una mirada circular al patio. Allí, al pie del muro, bajo las ventanas, había una vieja tina de piedra, bastante larga, que había debido servir antes de abrevadero para los animales. Estaba llena de tierra y restos de hojas muertas, y crecían hierbajos.

—Esta tina servirá muy bien —dijo el abuelo.

Francisco arrancó enseguida los hierbajos, removió la tierra y empezó a echar las semillitas. Todas las miradas seguían su mano mientras se movía rápidamente de un lado a otro, tratando de percibir la imperceptible semilla que caía de ella.

—¿Por qué haces esto? —preguntó intrigado el niño.

—Porque —contestó Francisco sin dejar de sembrar— cuando veas las florecillas florecer al sol y reír con todo su esplendor, tú también reirás y dirás: «El Buen Dios ha hecho cosas muy bellas».

—¿Y cómo se llaman estas florecillas? —preguntó aún el niño.

—¡Ah, eso no lo sé! —respondió Francisco—. Pero, si quieres, las llamaremos «*Speranza*». ¿Te acordarás de ese nombre? Son flores de *speranza*.

Y el hombrecito, maravillado, deletreó claramente: *spe - ran - za*.

En ese momento, volvía el padre del trabajo. Bajo y fornido, vestido con un blusón ceniciento, las piernas desnudas grises por el polvo, la cara curtida, el cuello abierto, las mangas remangadas para dejar al descubierto sus brazos fuertes y bronceados, se acercó a los hermanos con una amplia sonrisa que irradiaba el sol de todo un día.

—Buenas noches, hermanos. Habéis tenido la buena idea de venir esta noche. Justo cuando hacía falta: he terminado mi trabajo un poco antes. ¡Así que habéis visto al niño! Está mucho mejor, ¿verdad? Es realmente extraordinario.

Toda su persona expresaba a la vez algo fuerte y sencillo. El mismo cansancio no restaba nada a esta impresión de fuerza serena. Al contrario, parecía darle más peso.

—Vais a quedaros a cenar con nosotros —dijo a los hermanos, en tono amistoso, pero que no admitía réplica.

Después, iniciando un movimiento de retirada, añadió:

—Un momento, por favor. Voy a echarme un poco de agua en la cara y estoy con vosotros.

Volvió poco después, con el rostro refrescado. Invitó a sus huéspedes a entrar para la cena. Esta era de lo más simple: una sopa espesa y un poco de *verdura*. Una comida de pobres, tal como le gustaba a Francisco.

Después de la cena, salieron todos al pequeño jardín que había detrás de la casa. El calor del día había bajado. El sol había desaparecido en el horizonte. Pero su resplandor persistía aún. Allá, en la colina, del lado del poniente, unos cuantos grandes cipreses negros y altos se alzaban contra un cielo dorado, anaranjado y rosado, y sus alargadas sombras se extendían desmesuradamente sobre los campos;

hacía un tiempo agradable y tranquilo. Toda la familia se sentó en la hierba, bajo el manzano. Todas las miradas estaban fijas en Francisco. Hubo un momento de silencio y de espera. Después el padre de familia tomó la palabra y dijo:

—Mi mujer y yo llevamos tiempo preguntándonos qué podríamos hacer para vivir de una manera más perfecta. No podemos, por supuesto, dejar a nuestros hijos para llevar una vida de hermanos. ¿Qué podemos hacer?

—Os basta con observar el santo Evangelio en el mismo estado en el que el Señor os ha llamado —respondió Francisco con sencillez.

—Pero, ¿cómo vivir esto en la práctica? —preguntó el padre.

—En el Evangelio —respondió Francisco—, el Señor nos dice, por ejemplo: «Que el más grande entre vosotros sea como el más pequeño, y el que manda como el que sirve». Pues bien, estas palabras valen para toda comunidad, incluida la familia. Así, el cabeza de familia, que debe ser obedecido y ser considerado como el más grande, debe comportarse como el más pequeño y ser el servidor de todos los suyos. Cuidará de cada uno de ellos con tanta bondad como le gustaría que le mostraran a él si estuviera en su lugar. Será tierno y misericordioso con todos. Y no se irritará ante la falta de alguno de ellos, sino que con toda paciencia y humildad le advertirá y soportará con ternura. Esto es vivir según el santo Evangelio. Quien actúa así, participa verdaderamente del espíritu del Señor. Como veis, no es necesario soñar con grandes cosas.

Debemos volver siempre a la sencillez del Evangelio. Y, sobre todo, debemos tomarnos en serio esta sencillez.

Otro ejemplo —prosiguió Francisco—. El Señor dice en el Evangelio: «Bienaventurados los pobres de espíritu, porque de ellos es el reino de los cielos». Pues bien, ¿qué significa ser pobre de espíritu? Hay muchos que se eternizan en oraciones y en oficios, y que multiplican abstinencias y maceraciones contra su cuerpo. Pero por una sola palabra que les parece una afrenta contra su cuerpo, o por una bagatela que se les quite, se escandalizan y se turban inmediatamente. Esa gente no es pobre de espíritu; porque el que lo es de verdad tiene un espíritu de pobre, se odia a sí mismo y aprecia a los que le golpean en la mejilla.

Sería fácil multiplicar los ejemplos y las aplicaciones. Además, en el Evangelio todo encaja. Basta con empezar por un extremo. No se puede poseer verdaderamente una virtud evangélica sin poseer todas las demás. Si dañas una, las dañas todas, y no tienes ninguna de ellas. Así que no es posible ser verdaderamente pobre según el santo Evangelio sin ser también humilde. Y nadie es verdaderamente humilde si no está sometido a todas las criaturas, y por encima de todo a la santa Iglesia, nuestra madre. Y esto no puede funcionar sin una gran confianza en el Señor Jesús, que nunca abandona a los suyos, y en el Padre, que sabe lo que necesitamos. El Espíritu del Señor es uno. Es un espíritu de infancia, de paz, de misericordia y de alegría.

Francisco habló todavía un buen rato sobre este tema. Para esta gente sencilla y abierta, escucharle suponía un verdadero placer. Pero la noche empezaba a caer; se aferraba a las grandes ramas nudosas y oscuras del manzano. El aire se volvía imperceptiblemente más fresco. Los niños, los dos mayores, acurrucados contra su abuelo y que de vez en cuando se permitían alguna broma inocente, empezaban a impacientarse y a querer volver a ponerse en movimiento. Francisco y León pensaron entonces en volver a casa; se levantaron y se despidieron de sus anfitriones.

Resultaba agradable caminar con el fresco de la noche. El cielo se había vuelto de un añil oscuro. Las estrellas se encendían una a una. Francisco y León se adentraron pronto en el bosque. Había salido la luna. Su luz impactaba contra las copas de los árboles y bajaba por las ramas, entre las hojas, hasta el sotobosque, donde se esparcía en grandes gotas plateadas sobre los helechos y los arándanos. Había luz en todo el bosque. Una luz verde, suave, acogedora, que permitía ver a lo lejos en los inmensos corredores. Los líquenes y los musgos brillaban como fino polvo de estrellas en los troncos de los viejos árboles. A León le pareció que todo el bosque esperaba a alguien esta noche, dada la hermosura que mostraba con su juego de luces y sombras. Se desprendía un olor sumamente agradable de la corteza, de los helechos, de la menta y de las mil flores invisibles. Caminaban en silencio. De repente, salió un zorro de un matorral que había delante de ellos y saltó a un charco de luz. Su pelo rojizo llameó un instante. Luego desapareció aullando de inmediato entre las sombras. Una vida secreta se despertaba. Los pájaros nocturnos se llamaban. Y subían innumerables crujidos del espeso sotobosque. Francisco se paró en un claro y miró al cielo. Las estrellas hormigueaban ahora en grupos compactos. También ellas parecían vivir. La noche era maravillosamente clara y suave. Francisco respiró hondo y le pareció que el bosque desprendía un buen olor. Toda esta vida invisible, temblorosa y profunda que había a su alrededor, no se mostraba como un poder tenebroso e inquietante. A sus ojos, había perdido su carácter temible y su opacidad. Se había convertido en luz. Le revelaba por su transparencia la Bondad divina que es la fuente de todas las cosas. Reanudó entonces su camino con alegría y se puso a cantar. La dulzura de Dios se había apoderado de él. La grande y fuerte dulzura de Dios.

—Solo tú eres bueno. Tú eres el Bien, todo el Bien. Tú eres nuestra gran dulzura. Tú eres nuestra vida eterna, grande y admirable Señor —repetía.

Cantaba esto con melodías improvisadas. En su alegría, recogió del suelo dos trozos de madera y, colocándose uno en el brazo izquierdo, empezó a frotarlo con el otro, como si deslizara un arco sobre una viola. Su rostro irradiaba.

Caminaba, cantaba e imitaba el acompañamiento de su canto. León apenas podía seguirle.

De repente, Francisco ralentizó su marcha. León vio con estupor que el rostro de su padre había cambiado. Se había vuelto doloroso, atrozmente doloroso. Seguía cantando, pero su mismo canto era doloroso.

—¡Oh! tú que te has dignado morir por amor de mi amor —gemía—, que la dulce violencia de tu amor me haga morir por amor de tu amor.

Fue entonces cuando León tuvo como la certeza de que Francisco estaba viendo en ese momento a su Señor colgado en el cadalso de la cruz. Lo estaba viendo después de largas horas de agonía, todavía agitándose, luchando entre la vida y la muerte, un espantoso despojo humano. Su alegría lo había llevado hasta allí de un salto. A la contemplación del Crucificado. Había dejado caer las pobres cosas que tenía en sus manos. Luego reanudó su letanía de alabanzas con una voz más alta que resonaba clara en la noche en medio del bosque.

—Tú eres el Bien, todo el Bien, grande y admirable Señor, misericordioso Salvador.

Este nuevo resurgimiento en la alegría sorprendió a León. La imagen del Crucificado no había destruido la alegría de Francisco. Bien al contrario. Y León pensó que esta debía ser su verdadera fuente, la fuente purísima e inagotable. Aquella imagen de oprobio y de dolor era claramente la luz que iluminaba sus pasos. Era ella la que le descubría la creación. Ella se la hacía ver, más allá de todas las vilezas y crímenes de este mundo, perfectamente reconciliada y llena ya de esa Bondad soberana que está en el origen de todas las cosas.

El rostro de Francisco se había iluminado de nuevo de un modo maravilloso, con una expresión de niño. Como si la creación hubiera florecido de repente ante sus ojos, desbordante por completo de la inocencia de Dios, y como si el milagro de la existencia se le ofreciera en su primera frescura.

Atravesaron un claro. En el linde del bosque, se levantó un rebaño de ciervos que allí yacían. Inmóviles, con la cabeza levantada, los animales vieron pasar a este hombre libre que cantaba. No parecían en absoluto asustados. León se dio cuenta entonces de que estaba viviendo un momento extraordinario. Sí, era muy cierto que esa noche el bosque esperaba a alguien. Todos estos árboles y estos animales y todas estas estrellas esperaban el paso del hombre fraternal. Hacía, sin duda, mucho tiempo que la naturaleza estaba esperándole. Tal vez desde hacía miles de años. Pero esta noche, por algún instinto misterioso, ella sabía que él tenía que venir. Y aquí estaba él, en medio de ella, y le entregaba su canto.

11
MÁS POBRE QUE LA MADERA MUERTA

En el linde del bosque, no lejos de la ermita, se elevaba una delgada columna de humo azulado. Ascendía, ligera y completamente vertical, sin que la molestara el menor viento. Esta columna, tranquila y esbelta como los altos árboles, parecía formar parte del paisaje. Y, sin embargo, intrigaba al hermano León. Esta humareda era algo insólito. ¿Quién, pues, podría haber encendido ese fuego a primera hora de la mañana? León quería estar seguro. Se adelantó, apartó las ramas de algunos arbustos y vio, a un tiro de piedra, al propio Francisco, de pie junto a una magra hoguera. ¿Qué podía estar quemando? Le vio agacharse, coger una piña y arrojarla a las llamas.

León vaciló un instante. Luego se acercó lentamente.

—¿Qué estás quemando ahí, padre?

—Un cesto —se limitó a responder Francisco.

León miró más de cerca. Distinguió los restos de un cesto de mimbre que acababa de arder.

—¿No será el cesto que estabas haciendo estos últimos días, verdad?

—Sí, precisamente ese —respondió Francisco.

—¿Por qué lo has quemado? ¿No te parecía bien hecho? —preguntó León, sorprendido.

—Ah, sí, estaba muy bien hecho. Incluso demasiado.

—¿Y entonces por qué lo has quemado?

—Porque hace un momento, mientras recitábamos la hora tercia, me ha distraído hasta el punto de acaparar toda mi atención. Era justo que, a cambio, lo sacrificara al Señor, explicó Francisco.

León se quedó boquiabierto. Aunque conocía bien a Francisco, siempre le sorprendían sus reacciones. Esta vez, el gesto de Francisco le parecía excesivamente severo.

—Padre, no te comprendo. Si hubiera que quemar todo lo que nos distrae en la oración, no acabaríamos nunca, susurró León después de guardar silencio un momento.

Francisco no respondió nada.

—Sabes —añadió León—, que el hermano Silvestre contaba con este cesto. Lo necesitaba. Y lo esperaba con impaciencia.

—Sí, lo sé —respondió Francisco—. Le haré otro sin tardanza. Pero tenía que quemar este. Eso era más urgente.

El cesto había terminado de arder. Francisco sofocó lo que quedaba del fuego con una piedra. Y, cogiendo a León del brazo, le dijo:

—¡Ven! Te diré por qué he actuado así.

Lo llevó no lejos de allí, cerca de un seto de mimbres. Se cortó un número suficiente de varas flexibles. Luego, sentándose en el suelo, empezó un nuevo cesto. León se había sentado a su lado, esperando las explicaciones de su padre.

—Quiero trabajar con mis manos —dijo entonces Francisco—. Y también quiero que todos mis hermanos trabajen. No por un deseo codicioso de ganar dinero, sino para dar buen ejemplo y huir de la ociosidad. No hay nada más lamentable que una comunidad donde no se trabaja. Pero el trabajo no lo es todo, hermano León, no lo resuelve todo. Puede incluso convertirse en un obstáculo temible para la verdadera libertad del hombre. Llega a serlo cada vez que el hombre se deja acaparar de tal modo por su trabajo que se olvida de adorar al Dios vivo y verdadero. Por eso debemos velar celosamente para no dejar que se apague en nosotros el espíritu de oración. Eso es más importante que todo lo demás.

—Comprendo, padre —dijo León—. Pero aun así no podemos destruir nuestro trabajo cada vez que nos distraiga de la oración.

—Por supuesto —prosiguió Francisco—. Lo importante es estar dispuesto a sacrificarlo al Señor. Solo a esta condición mantiene el hombre su alma disponible. En la antigua ley, los hombres sacrificaban a Dios las primicias de sus cosechas y sus rebaños. No dudaban en desprenderse de lo mejor que tenían. Era un gesto de adoración, pero también de liberación. El hombre mantenía así su alma abierta. Lo que sacrificaba ampliaba sus horizontes hasta el infinito. Ahí estaba el secreto de su libertad y de su grandeza.

Francisco se calló. Toda su atención pareció concentrarse entonces en su trabajo. Pero León, a su lado, veía bien que aún tenía algo que decir. Algo esencial que debía formar cuerpo con él y que le costaba soltar. León lo sentía bien. Y por eso estos momentos de silencio le parecieron tan largos. Hubiera deseado hablar, decir algo para llenar este silencio. Pero se retuvo por discreción. De repente, Francisco volvió su rostro hacia él y le miró con una expresión de grandísima bondad.

—Sí, hermano León —dijo con una gran calma— un hombre solo es grande cuando se eleva por encima de su obra para no ver más que a Dios. Solo entonces alcanza toda su talla. Pero eso es difícil, muy difícil. Mira, quemar un cesto de mimbre que has hecho tú mismo no es nada, aunque te parezca que está muy bien hecho. Pero desprenderte de la obra de tu vida es algo totalmente distinto. Esta renuncia está por encima de las fuerzas humanas.

Para seguir la llamada de Dios, el hombre se entrega a fondo a una obra. Y lo hace con pasión y con entusiasmo. Esto es bueno y necesario. Solo el entusiasmo es creador. Pero crear algo es también ponerle el propio sello, hacerlo propio, inevitablemente. Este es el mayor peligro al que se enfrenta el siervo de Dios. La obra que ha realizado, en la medida en que se adhiere a ella, se convierte para él en el centro del mundo; le pone en un estado de indisponibilidad radical. Tendrá que recurrir a una efracción para despegarse de ella. Gracias a Dios, esa efracción puede producirse. Pero los medios providenciales a los que se debe recurrir entonces son temibles. Son la incomprensión, la contradicción, el sufrimiento, el fracaso. Y a veces incluso el mismo pecado que Dios permite. La vida de fe pasa entonces por su crisis más profunda y también la más decisiva. Esta crisis es inevitable. Se presenta tarde o temprano y en todos los estados de vida. El hombre se ha consagrado a fondo a su obra; y ha creído rendir gloria a Dios por su generosidad. Y he aquí que, de repente, Dios parece abandonarle a su suerte, no interesarse por lo que hace. Es más, Dios parece pedirle que renuncie a su obra, que abandone aquello a lo que se ha consagrado en cuerpo y alma durante tantos años, con sus alegrías y sus penas.

«Toma a tu hijo, a tu único hijo, al que amas, y vete a la tierra de Moria y ofrécelo allí en holocausto». No hay verdadero siervo de Dios que no escuche algún día a su vez estas terribles palabras que Dios dirigió a Abrahán. Abrahán había creído en la promesa de Dios de darle una posteridad. Durante veinte años había esperado que se cumpliera. No había perdido la esperanza. Y cuando por fin llegó el niño, el niño sobre el que reposaba la promesa, Dios le pidió a Abrahán que se lo sacrificara. Sin ninguna explicación. Era un golpe rudo e incomprensible. Pues bien, ¡eso mismo es lo que Dios nos pide también a nosotros un día u otro! Dios y el hombre ya no parecen hablar el mismo lenguaje. Ha surgido una incomprensión. Dios había llamado y el hombre había respondido. Ahora el hombre llama, pero Dios se calla. Momento trágico en el que la vida religiosa linda con la desesperación. En el que el hombre lucha completamente solo en la noche con el Inasible. Creyó que le bastaría con hacer o aquello para serle agradable a Dios. Pero es a él a quien se culpa. El hombre no se salva por sus obras, por buenas que sean. Todavía tiene que convertirse él mismo en obra de Dios. Debe volverse más maleable y más humilde en las manos de su Creador que la arcilla en manos del alfarero. Más flexible y paciente que el mimbre entre los dedos del canastero. Más pobre y más abandonado que la madera muerta del bosque en pleno invierno. Solo a partir de esta situación de angustia y de esta confesión de pobreza, puede abrir el hombre un crédito ilimitado a Dios, confiándole la iniciativa absoluta de su existencia y de su salvación. Entra entonces en una santa obediencia. Se convierte en niño y entra en el juego divino de la creación. Más allá del dolor y del placer, conoce la alegría y el poder. Puede mirar con el mismo corazón al sol y a la muerte. Con la misma gravedad y la misma alegría.

León guardaba silencio. No sentía necesidad de hacer más preguntas. Ciertamente no entendía todo lo que

Francisco le decía. Pero le parecía que nunca había visto con tanta claridad y tan hondo en el alma de su padre. Lo que le impresionaba por encima de todo era la calma con la que le hablaba de esos asuntos tan graves, que seguramente debía conocer por experiencia. Recordó lo que Francisco le había dicho en otra circunstancia: «El hombre solo sabe realmente en la medida en que experimenta». Seguro que había experimentado todo lo que decía. ¡Hablaba con tal acento de verdad! León se sintió de pronto lleno de dulzura y de terror ante la idea de ser el confidente privilegiado de semejante experiencia. Francisco continuaba su trabajo. Y su mano trenzaba el mimbre, sin temblar, como si estuviera jugando.

12
MÁS SOLEADO QUE EL VERANO

Las cigarras cantaban en el pinar que rodeaba la ermita. Corrían los primeros días de junio. Hacía mucho calor. Un sol implacable ardía en el deslumbrante cielo azul. Sus abruptos y recios rayos caían como una lluvia de fuego. Nada escapaba a este incendio. La corteza de los árboles se agrietaba en el bosque por efecto del calor. Las hierbas se secaban y amarilleaban entre las rocas ardientes en las escarpadas laderas de las montañas. En los lindes del bosque, los arbustos y las jóvenes plantas verdes, todavía hinchadas por las lluvias primaverales, inclinaban tristemente la cabeza. Sin embargo, cerca del pequeño oratorio, algunos manzanos, cuyo follaje empezaba a cubrirse de frutos, parecían mantenerse completamente a gusto con este calor. El gran sol, como el fuego, pone a prueba a los seres. Les obliga a revelarse. No hay hinchazón que se le resista. No deja sitio más que a la madurez. Solo el árbol que ha asegurado sus frutos se ofrece sin miedo a su brillo y a su ardor.

A Francisco le gustaba salir a pasear bajo los pinos a las horas más calurosas del día. Escuchaba las cigarras y se asociaba interiormente a su canto. Siempre le dolían los ojos. Pero su corazón estaba tranquilo. En medio del gran calor, ya podía saborear algo de la paz de la noche. Algunas veces pensaba sin duda en el capítulo de Pentecostés que ya estaba muy próximo, en la multitud de hermanos que volvería a encontrar reunidos en Asís con esa ocasión. Pensaba en las dificultades que no dejarían de surgir de nuevo y se extenderían, más fuertes y más temibles que nunca, en el seno de la gran familia. Pero ahora pensaba en ellas sin la menor turbación, sin que se le encogiera el corazón. Ni siquiera los dolorosos recuerdos que tal pensamiento traía inevitablemente a su alma alteraban su serenidad. No es que se hubiera vuelto indiferente. Su amor a los suyos y sus exigencias habían seguido creciendo y haciéndose más profundos. Pero estaba en paz. También para él había llegado la hora de la madurez. No le preocupaba saber si daría mucho fruto. Pero velaba para que su fruto no fuera amargo. Eso era lo único que importaba. Sabía que el resto se daría por añadidura. Por encima de él, las cigarras no dejaban de cantar. Sus notas estridentes tenían el brillo del fuego; caían de las ramas altas, semejantes a lenguas de fuego.

Francisco estaba sentado en el pinar cuando vio venir hacia él, atravesando el bosque, a un hermano esbelto, todavía joven, con paso lento pero decidido. Reconoció al hermano Tancredo. Francisco se levantó, se dirigió hacia él y le abrazó.

—La paz sea contigo —le dijo—. ¡Qué agradable sorpresa me has dado! Has debido pasar mucho calor para subir hasta aquí.

—¡Oh, sí, padre! —respondió el hermano, que se limpiaba la frente y la cara con la manga—. Pero eso no es nada.

El hermano asintió con la cabeza y lanzó un suspiro. Francisco le invitó a sentarse a la sombra de los pinos.

—¿Qué es lo que no va bien?

—Ya lo sabes, padre —dijo Tancredo—. Desde que ya no estás entre nosotros, a nuestra cabeza, la situación no ha cesado de degradarse. Los hermanos, y me refiero a los que quieren permanecer fieles a la Regla y a tu ejemplo, están desanimados y desorientados. Se les dice y se les repite que tú estás superado, que es preciso saber adaptarse y, para ello, inspirarse en la organización de las otras grandes órdenes. Y que es necesario formar sabios que puedan rivalizar con los de otras órdenes. Que la sencillez y la pobreza son cosas muy bellas, pero que no hay que exagerar, y que en cualquier caso eso no basta. Que la ciencia, el poder y el dinero son también indispensables para actuar y para triunfar. Eso es lo que dicen.

—No cabe duda de que son siempre los mismos los que hablan así —se limitó a observar Francisco.

—Sí, padre, son los mismos. Tú los conoces. Les llaman los innovadores. Pero han seducido a muchos. Y lo lamentable es que, como reacción contra ellos, algunos hermanos se entregan a toda clase de excentricidades del peor gusto, con el pretexto de la austeridad y la sencillez evangélicas. Hasta tal punto que el obispo de Fondi tuvo que llamar recientemente al orden a estos hermanos porque se descuidaban por completo y se dejaban crecer una barba desmesuradamente larga. Otros han dejado la obediencia y han tomado esposa. No se dan cuenta de que con ello desacreditan a todos los hermanos y llevan agua al molino de los innovadores. Frente a estos abusos, estos últimos ven el campo libre para imponer su voluntad; se presentan como los defensores de la Regla. Cogido entre estos innovadores y estos excéntricos se encuentra el pequeño rebaño fiel que gime porque no tiene pastor. ¡Una verdadera lástima! En fin, he aquí que se acerca el capítulo de Pentecostés. Es nuestra última esperanza. ¿Vendrás, Padre?

—Sí, iré. E incluso estoy pensando en partir sin tardar —se limitó a decir Francisco.

—Los hermanos fieles esperan que retomes el gobierno, que reprimas los abusos y pongas freno a los recalcitrantes. Porque ya va siendo hora.

—¿Crees que los demás querrán saber algo de mí? —preguntó Francisco.

—Es preciso que te impongas, padre, hablando claro y fuerte, y amenazando con sanciones. Hay que plantarles cara. Es la única manera —respondió Tancredo.

Francisco no respondió. Las cigarras cantaban. El bosque suspiraba de vez en cuando. Una ligera brisa soplaba por el pinar, desprendiendo un fuerte olor a resina. Francisco permanecía en silencio. Su mirada estaba fija en el suelo cubierto de agujas y ramitas secas. Y empezó a pensar que la más mínima chispa lanzada al azar sobre esta alfombra bastaría para incendiar todo el bosque.

—Escucha —dijo Francisco tras unos instantes de silencio—. No quiero que te hagas ilusiones. Te hablaré con franqueza, puesto que así lo deseas. No me consideraría un hermano menor si no me encontrara en este estado: soy el superior de mis hermanos, voy al capítulo, hago un sermón, expreso mis opiniones y, cuando haya terminado, me dicen: «No tienes lo que necesitamos, eres iletrado, despreciable; ya no te queremos como superior, porque no tienes ninguna elocuencia, eres simple y corto de miras». Y entonces me expulsan vergonzosamente, cargado con el desprecio universal. Pues bien, te lo digo, si no recibo esto con la misma expresión, con la misma alegría interior y conservando idéntica mi voluntad de santificación, no soy en absoluto un hermano menor.

—Muy bien, padre, pero eso no resuelve la cuestión —objetó Tancredo.

—¿Qué cuestión? —preguntó Francisco.

Tancredo le miró, con aire desconcertado.

—¿Qué cuestión? —repitió Francisco.

—Pues, ¡la de la orden! —exclamó Tancredo—. Acabas de describir tu estado de ánimo. Lo admiro. Pero no puedes quedarte en este punto de vista personal y pensar solo en tu propia perfección. ¡Están los otros! Eres su guía y su padre. No puedes abandonarlos. Tienen derecho a tu apoyo. No debes olvidarlos.

—Es verdad, Tancredo. Están los otros. Y pienso mucho en ellos, créeme —dijo Francisco—. Pero no ayudamos a la gente a practicar la dulzura y la paciencia evangélicas empezando por golpear nosotros mismos con los puños a quien no está de acuerdo con nosotros, sino más bien aceptando nosotros mismos los golpes.

—Pero, ¿qué haces con la cólera de Dios? —replicó Tancredo vivamente—. Hay cóleras santas. Cristo hizo restallar el látigo sobre las cabezas de los vendedores. Y, a no dudar, no solo sobre sus cabezas. A veces es necesario echar a los vendedores del Templo. Sí, a cajas destempladas. Eso también es imitar a Cristo.

Tancredo había elevado el tono. Se había animado. Hablaba con fogosidad, haciendo gestos contundentes. Su rostro se había puesto rojo. Hizo ademán de levantarse. Pero Francisco le puso la mano en el hombro y le retuvo.

—Hermano Tancredo, escúchame un momento —le dijo con calma—. Si el Señor quisiera arrojar de delante de su faz todo lo que es impuro e indigno, ¿crees que habría muchos que encontrarían gracia? Todos seríamos barridos, ¡pobre amigo mío! Tanto nosotros como los otros. No hay mucha diferencia entre los hombres desde ese punto de vista. Afortunadamente, a Dios no le gusta limpiar por medio del desalojo. Eso es lo que nos salva. Una vez echó a los vendedores del Templo. Lo hizo para mostrarnos que podía hacerlo y que era el dueño de su casa. Pero, como tú mismo observarás, solo lo hizo una vez, y como si estuviera jugando. Después, se ofreció él mismo a los golpes de sus perseguidores. Con ello nos mostró lo que es la paciencia de Dios. No una impotencia para castigar, sino una voluntad de amar que no se retracta.

—Sí, padre, pero actuando como dices, pura y simplemente dejas la partida. La orden irá a su perdición. Y la Iglesia sufrirá mucho con ello. En lugar de una renovación, contará con una ruina más. Eso es todo —replicó Tancredo.

—Pues bien, yo te digo que la orden continuará a pesar de todo —afirmó Francisco enérgicamente, pero sin perder su calma—. El Señor me ha dado la seguridad. El futuro de la orden es asunto suyo. Si los hermanos son infieles, él suscitará a otros. Y tal vez ya hayan nacido. En cuanto a mí, el Señor no me ha pedido que convenciera a los hombres a fuerza de elocuencia o de ciencia, y menos aún que les forzara. Simplemente me hizo saber que tenía que vivir según la forma del santo Evangelio. Y cuando me dio hermanos, hice redactar una regla con pocas palabras. El señor papa me la confirmó. Por entonces no teníamos pretensiones y estábamos sometidos a todos. Quiero permanecer en este estado hasta el final.

—Así pues, hay que dejar que los demás procedan a su guisa y aguantarlo todo sin decir una palabra —prosiguió Tancredo.

—Por lo que a mí respecta —dijo Francisco—, quiero estar sometido a todos los hombres y a todas las criaturas de este mundo, en la medida en que Dios lo permita desde lo alto. Esa es la condición del hermano menor.

—No, de verdad, padre, no te sigo, no te entiendo —dijo Tancredo.

—No me entiendes —prosiguió Francisco— porque esta actitud de humildad y sumisión te parece cobardía y pasividad. Pero no se trata de eso. Yo tampoco he comprendido durante mucho tiempo. Me he debatido en la noche como un pobre pájaro atrapado en una trampa. Pero el Señor se ha apiadado de mí. Me ha hecho ver que la actividad más elevada del hombre y su madurez no consisten en la persecución de una idea, por elevada y santa que sea, sino en la aceptación humilde y gozosa de lo que es, de todo lo que es. El hombre que sigue su idea permanece encerrado en sí mismo. No entra verdaderamente en comunión con los seres. Nunca llega a conocer el universo. Le falta el silencio, la profundidad y la paz. La profundidad de un hombre reside en su capacidad de acoger. La mayoría de los hombres permanecen aislados en sí mismos, a pesar de todas las apariencias. Son como insectos incapaces de desprenderse de su capullo. Se agitan desesperadamente dentro de sus límites. Al final, se encuentran como al principio. Creen haber cambiado algo, pero mueren sin ni siquiera haber visto la luz. Nunca despertaron a la realidad. Vivieron en un sueño.

Tancredo guardaba silencio. Las palabras de Francisco le parecían muy extrañas. ¿Era Francisco o él quien soñaba? Le irritaba verse colocado entre los soñadores. Estaba seguro de sí mismo, de lo que veía y de lo que sentía.

—Pues entonces, ¡todos los que intentan hacer algo en este mundo son soñadores! —dijo tras un momento de silencio.

—No es eso lo que yo digo —respondió Francisco—. Pero creo que es difícil aceptar la realidad. Y, a decir verdad, ningún hombre la acepta nunca del todo. Siempre queremos añadir un codo a nuestra estatura, de un modo u otro. Ese es el propósito de la mayoría de nuestras acciones. Incluso cuando pensamos que estamos trabajando por el Reino de Dios, es todavía eso mismo lo que a menudo perseguimos. Hasta el día en que, al chocar con el fracaso, un fracaso profundo, no nos queda más que esta única realidad desmesurada: Dios es. Entonces descubrimos que es el único todopoderoso, el único santo y el único bueno. El hombre que acepta esta realidad y se alegra hasta el fondo de ella ha encontrado la paz. Dios es, y eso basta. Pase lo que pase, ahí está Dios, el esplendor de Dios. Basta con que Dios sea Dios. Solo el hombre que acepta a Dios de este modo es capaz de aceptarse verdaderamente a sí mismo. Se libera de todo deseo particular. Nada perturba ya en él el juego divino de la creación. Su voluntad se simplifica, y al mismo tiempo se vuelve tan vasta y profunda como el mundo. Una simple y pura voluntad de Dios, que lo abarca todo, que lo acoge todo. Ya nada la separa del acto creador. Este hombre está enteramente abierto a la acción de Dios, que hace de él lo que quiere, que le lleva adonde quiere. Y esta santa obediencia le da acceso a las profundidades del universo, al poder que mueve los astros y hace florecer con tanta belleza las flores más humildes de los campos. Ve claramente en el interior del mundo. Descubre la bondad soberana que está en el origen de todos los seres y que un día se encontrará entera en todos ellos, pero ya la ve extendida y plenamente realizada en cada ser. Él mismo participa de la gran forma de la bondad. Se vuelve misericordioso, solar como el Padre que hace brillar su sol con la misma prodigalidad sobre los buenos y los malos. ¡Ah, hermano Tancredo!, ¡qué grande es la gloria de Dios! ¡Y el mundo resplandece con su belleza y misericordia!

—Pero en el mundo —prosiguió Tancredo— también están la falta y el mal. No podemos dejar de verlos. Y, en su presencia, no tenemos derecho a permanecer indiferentes. ¡Ay de nosotros si, por nuestro silencio o nuestra inacción, los malvados se endurecen en su maldad y triunfan!

—Es verdad, no tenemos derecho a permanecer indiferentes ante el mal y ante la falta —continuó Francisco—. Pero tampoco debemos irritarnos o turbarnos. Nuestra turbación y nuestra irritación no pueden más que ser una molestia para la caridad en nosotros mismos y en los otros. Debemos aprender a ver el mal y la falta como Dios los ve. Esto es precisamente lo difícil. Porque allí donde nosotros vemos naturalmente una falta que hay que condenar y castigar, Dios, por su parte, ve ante todo una angustia que hay que socorrer. El Todopoderoso es también el más tierno de los seres, el más paciente. No hay en Dios la menor huella de resentimiento. Aunque su criatura se rebela contra él y le ofende, siempre sigue siendo su criatura a sus ojos. Podría destruirla, por supuesto. Pero, ¿qué placer podría encontrar Dios en destruir lo que ha creado con tanto amor? Todo lo que ha creado está muy profundamente arraigado en él. Es el más desarmado de todos los seres ante sus criaturas. Como una madre ante su hijo. Ahí reside el secreto de esa enorme paciencia que a veces nos escandaliza.

Dios se parece a aquel padre de familia que decía a sus hijos, ya mayores y ávidos de independizarse: «Queréis marcharos, estáis impacientes por hacer vuestra vida cada uno por su lado, ¡muy bien!, pero quiero deciros esto antes de que os vayáis: 'Si un día os encontráis en un apuro, si estáis angustiados, sabed que yo estoy siempre aquí. Mi puerta está abierta de par en par para vosotros día y noche. Siempre podéis venir. Estaréis en vuestra casa y haré todo lo posible por ayudaros. Cuando todas las puertas estén cerradas para vosotros, la mía seguirá abierta'». Dios es así, hermano Tancredo. Nadie ama como él. Pero debemos tratar de imitarle. Hasta ahora no hemos hecho nada. Así que empecemos a hacer algo.

—Pero ¿por dónde empezamos, padre? Dímelo —preguntó Tancredo.

—Lo más urgente —respondió Francisco— es desear tener el espíritu del Señor. Solo él puede hacernos buenos, radicalmente buenos, con una bondad que no sea sino una con nuestro ser más profundo.

Guardó silencio un momento, y después continuó:

—El Señor nos ha enviado a evangelizar a los hombres. Pero, ¿has pensado ya en lo que es evangelizar a los hombres? Mira, evangelizar a un hombre es decirle: Tú también eres amado por Dios en el Señor Jesús. Y no solo decirlo, sino pensarlo realmente. Y no solo pensarlo, sino comportarse con ese hombre de tal manera que sienta y descubra que hay algo salvado en él, algo más grande y más noble de lo que él pensaba, y que despierte así a una nueva conciencia de sí mismo. Eso es anunciarle la Buena Nueva. Solo puedes hacerlo ofreciéndole tu amistad. Una amistad real, desinteresada, sin condescendencia, hecha de confianza y estima profundas.

Tenemos que ir a los hombres. Es una tarea delicada. El mundo de los hombres es un inmenso campo de batalla por la riqueza y el poder. Y son demasiados los sufrimientos y las atrocidades que les ocultan el rostro de Dios. Y, sobre todo, es preciso que al ir hacia ellos no les parezcamos un nuevo tipo de competidores. Debemos ser testigos pacíficos del Todopoderoso en medio de ellos, hombres sin codicia y sin desprecio, capaces de convertirnos realmente en sus amigos. Es nuestra amistad lo que ellos esperan, una amistad que les haga sentirse amados por Dios y salvados en Jesucristo.

El sol se había ocultado tras las montañas. Y bruscamente el aire había refrescado. Se había levantado el viento y se oía subir por todas partes el canto ininterrumpido de las cigarras.